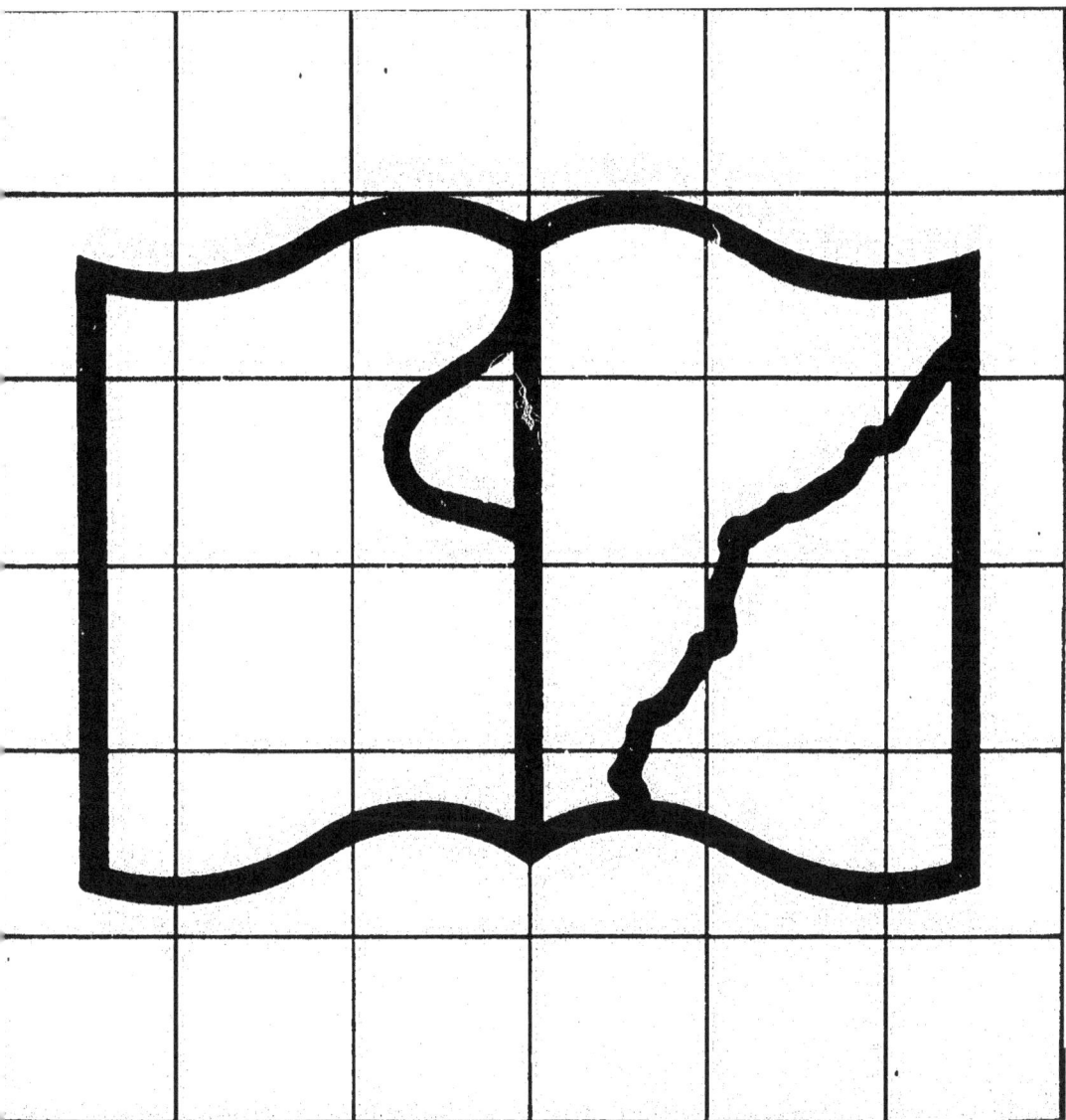

LES
CONNAISSANCES UTILES.
POPULARISÉES
LIVRE DÉDIÉ AUX
INDUSTRIEUX ET AUX ÉCONOMES

ÉCONOMIE DOMESTIQUE ET RURALE
PROCÉDÉS UTILES
RECETTES INTÉRESSANTES
RÉSUMÉ D'HYGIÈNE ET DE MÉDECINE HUMAINE
ET VÉTÉRINAIRE

PAR

M. Louis GUILLEMAIN
Pharmacien-Chimiste

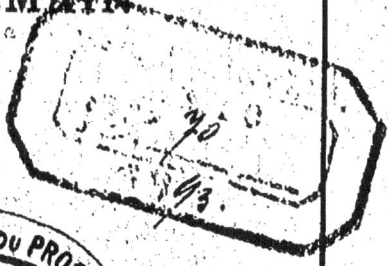

EN VENTE :

PHARMACIE SPÉCIALE DU CENTRE-OUEST
CHATEAUROUX (INDRE)

LE PECTORAL LE PLUS EFFICACE

CONTRE TOUTES LES

AFFECTIONS DE LA POITRINE ET DES BRONCHES

GOUDRON PECTORAL PULVÉRULENT

L. GUILLEMAIN

En mettant infuser une cuillerée à bouche de cette poudre dans un litre d'eau bouillante, on obtient un litre d'excellente tisane pectorale, antinerveuse, très calmante.

Le **Goudron pulvérulent** est un pectoral d'un emploi très commode, puisqu'il remplace avantageusement les tisanes aux fleurs et les sirops pectoraux.

Le **Goudron pulvérulent** est un pectoral très efficace puisqu'il contient à l'état soluble tous les principes sédatifs du goudron, de la réglisse, de l'eucalyptus et les meilleurs calmants qui font la base de tous les bonbons et sirops pectoraux.

D'ailleurs sa grande vogue est le plus sûr garant de son efficacité.

Le **Goudron pulvérulent** est un pectoral très économique puisque chaque litre de tisane obtenue revient à peine à 0.20 centimes.

Le **Goudron pulvérulent** s'emploie avec un succès constant dans tous les *rhumes*, les *irritations de poitrine*, les *enrouements*, les *catarrhes bronchiques*, les *bronchites chroniques*, la *grippe*, la *coqueluche*, etc.

C'est le vrai remède spécifique de la grippe et de la coqueluche. Associé aux capsules d'huile de foie de morue créosotée, il forme le traitement le plus rationnel de la bronchite chronique.

Prix de la boîte : 1 fr. 50

En vente : **Pharmacie spéciale du Centre-Ouest**

LES
CONNAISSANCES UTILES
POPULARISÉES

PRÉFACE

Nous dédions ce livre, fruit de quinze années
d'observations, de lectures et d'études, aux classes
laborieuses, industrieuses et économes des campagnes et des petites bourgades; à ceux qui ne savent
pas et qui n'ont aucune facilité pour savoir.

Il est incomplet, écrit par une main peu exercée
au style élevé et correct; mais tel qu'il est, nous
espérons qu'il rendra de nombreux services par le
principe d'économie qui en découle; qu'il plaira par
l'utilité de ses recettes et de ses procédés; qu'il sera
enfin pour beaucoup de petits ménages un conseiller
sûr, pratique et économe.

Pendant de longues années déjà passées au milieu
des habitants de nos campagnes, nous avons été si
souvent témoin de l'ignorance des gens sur les connaissances les plus usuelles et les plus utiles, nous
avons été si souvent appelé à donner des conseils

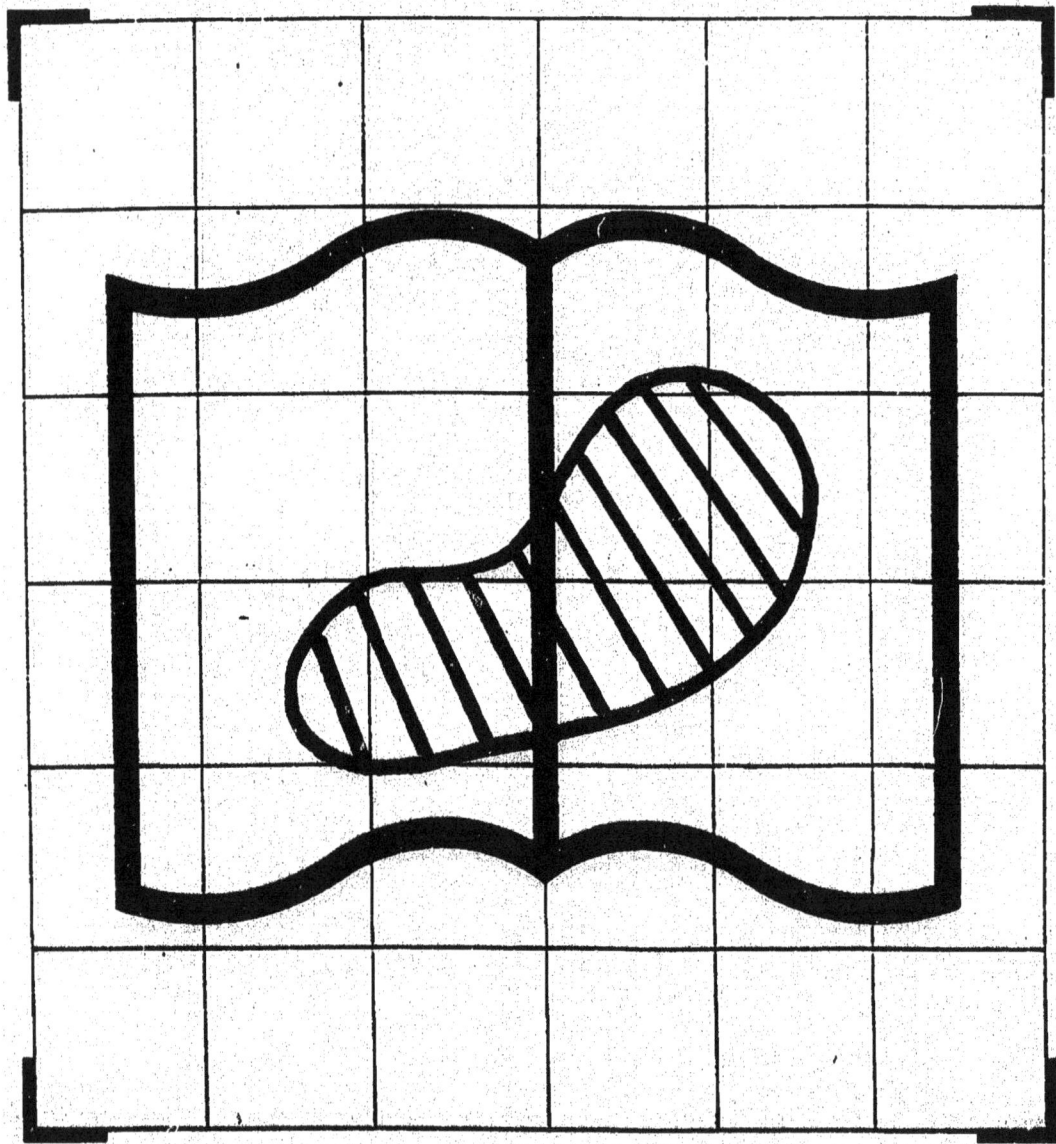

sur la pratique de toute chose, qu'il nous est venu à l'esprit de consacrer les loisirs de la retraite à l'élaboration d'un recueil d'économie domestique, simplement traité pour être compris de tous, assez explicite néanmoins sur les principes scientifiques des choses pour être intéressant et instructif.

Nous avons dépouillé, lu et étudié avec soin les livres les plus utiles et les mieux traités, pour en extraire et résumer tous les principes scientifiques pouvant intéresser nos lecteurs; nous les avons complétés de nos connaissances personnelles et nous en avons fait ce petit livre que nous offrons aujourd'hui au public.

Tout imparfait qu'il est, nous espérons qu'il plaira, qu'il sera bien accueilli des personnes qui voudront bien nous faire l'honneur de le consulter.

LES
CONNAISSANCES UTILES
POPULARISÉES

CHAPITRE PREMIER
ÉCONOMIE DOMESTIQUE RURALE

CONNAISSANCES UTILES
RECETTES ET PROCÉDÉS ÉCONOMIQUES

DU FUMIER DE FERME
THÉORIE DE SON TRAITEMENT

On a beaucoup écrit sur la façon pratique de préparer le fumier. Chaque pays a ses habitudes et ses errements. Beaucoup de cultivateurs éclairés ont modifié leurs procédés défectueux, établis par une routine séculaire ; mais beaucoup encore, surtout les chefs des petites exploitations, ne veulent pas entendre raison sur ce point et admettre des faits que la science et les expériences prouvent surabondamment.

Il est bien plus difficile que l'on ne pense de conserver au fumier toutes ses qualités premières, toutes ses richess.. fertilisantes fixes ou volatiles jusqu'au jour où on l'enfouit dans le sol. Il existe surtout trois grandes causes de détérioration, auxquelles il faut le soustraire le plus possible ; ce sont : le soleil, la pluie et la moisissure.

Un soleil trop ardent chauffant sans obstacle une surface considérable de fumier, augmente la fermentation et détermine une évaporation énorme d'engrais volatils azotés.

Les pluies trop abondantes des années pluvieuses, lavant sans cesse les fumiers qui y sont exposés, emportent avec elles les trois quarts des principes fertilisants solubles, et les déversent souvent en pure perte dans les cours et les mares.

La moisissure connue sous le nom de blanc du fumier, trouvant à se développer dans les fumiers mal tassés, absorbe, à son profit, des produits azotés qu'elle ne rend pas au sol.

Il faut donc procéder avec soin dans la conduite de ses fumiers ; voilà le principal. On peut employer des méthodes différentes, mais toutes doivent tendre au même but : conserver au fumier ses principes fertilisants. Voici d'ailleurs quelques règles que l'on peut suivre à cet égard :

1º Le fumier d'une ferme doit être établi sur une plateforme imperméable en glaise battue. Cette plate-forme empêche le purin chargé d'engrais solubles et précieux de se perdre dans les profondeurs du sol ;

2º La plate-forme doit être entourée d'une rigole amenant le purin dans un tonneau ou dans une fosse rendue également étanche par une couche de terre glaise bien battue. Ce réservoir sert à recueillir le purin qui autrefois se perdait dans les cours ou venait décomposer l'eau des mares. Le purin par lui-même est un engrais précieux ; on en arrose le fumier de temps en temps pour entretenir une fermentation régulière. On peut ensuite répandre l'excédent en arrosages sur les prairies artificielles et les plantations de racines fourragères et on en tire les meilleurs résultats;

3° Entre la plate-forme et la première couche de fumier, on doit toujours interposer un lit de terre, de terreau ou de marne, mélangés de phosphate de chaux si les terres de la ferme en réclament. Cette couche de terre, qu'on doit toujours faire assez épaisse, absorbe une partie du purin qui, filtrant au travers, y dépose la plus grande partie de ses richesses fertilisantes. Si on l'a composée en partie de phosphate, ce dernier, au contact des acides du fumier, est transformé en phosphate assimilable, en superphosphate qui, répandu dans les champs, produit les mêmes effets que le superphosphate commercial, tout en coûtant moins cher ;

4° Les couches successives du fumier doivent être fortement tassées et piétinées avec soin pour éviter la maladie du blanc qui n'apparaît que dans les fumiers où l'air circule faute d'être tassés suffisamment;

5° Les fumiers devraient tous être couverts, car les années pluvieuses leur font souvent perdre plus de la moitié de leur valeur. La chose n'offre pas beaucoup de difficultés en somme, car quelques pieux, quelques perches et une douzaine de claies en paille y suffiraient à la rigueur. Cependant en admettant qu'on ne puisse pas prendre cette précaution, voici comment on peut y suppléer : après chaque couche de fumier, on met une légère couche de terreau ou de marne. Cette terre diminue l'action du soleil et absorbe au passage les gaz azotés qui ont tendance à s'évaporer ; elle absorbe une partie des eaux de pluie et diminue d'autant leur mauvais effet ; elle agit comme les terres labourées et meubles en absorbant par elle-même une certaine quantité d'azote atmosphérique qui augmente d'autant le gain du fumier. On ne perdrait nullement son temps en crépissant comme dans certains pays les côtés du fumier d'un mélange de bouse de vache et de mortier de terre ;

6° Si on a eu soin d'abriter son fumier, on doit l'arroser de temps en temps avec le purin, pour déterminer une décomposition lente et régulière ;

7° Le sulfate de fer étant un engrais précieux pour les terrains dépourvus de sels de fer, on se trouvera bien dans ces pays-là d'en répandre dans les écuries sous la nouvelle litière toutes les fois qu'on en retirera le fumier. La dose moyenne employée est de un kilogramme par semaine et par animal.

DES ENGRAIS VERTS

La pratique des engrais verts est une conséquence forcée des progrès de l'agriculture. De nos jours, on n'a plus le temps de laisser reposer la terre ; il faut cultiver quand même, et comme on ne récolte rien sans engrais, il a fallu en inventer. C'est de ce surmenage agricole, résultant en partie de la concurrence étrangère, que sont nés les engrais chimiques : nitrates, chlorures, phosphates, et les engrais verts ressuscités d'une très an-

cienne pratique mal étudiée jusqu'alors. Depuis longtemps on avait remarqué les bons effets d'une culture
de céréales faite sur un trèfle ; de tout temps on a laissé
reposer la terre quelque temps sans la cultiver, mais on
ne s'était pas encore rendu compte du rôle joué par ces
jachères et ces plantes vertes enfouies.

De prime abord en effet, la pratique des engrais verts
ne paraît pas rationnelle. Comment se fait-il que des
plantes nourries des principes du sol et y retournant
apportent à ce dernier un gain de matières fertilisantes ?
Longtemps on l'a ignoré, mais les études approfondies
des réactions chimiques des gaz de l'atmosphère sur les
plantes, les analyses nombreuses et concluantes des éléments fertilisants du sol avant l'ensemencement des engrais verts et après leur décomposition dans le sol ont
démontré : que les plantes en général, et en particulier
les légumineuses, absorbent une grande quantité d'azote
pour former leurs tissus; qu'une certaine quantité de
cet azote provenait bien du sol, mais que l'excédent était
emprunté à l'atmosphère. Or l'azote est le corps le plus
fertilisant de tous nos engrais ; par l'enfouissement de
ces plantes, le sol reprend ce que ces dernières lui avaient
emprunté pour croître, et en plus il s'enrichit de la
grande quantité d'azote qu'elles avaient puisé dans
l'atmosphère. Une autre conséquence heureuse de la
végétation de ces légumineuses, c'est qu'elles sont munies de longues racines pivotantes qui vont chercher
profondément dans la terre les matières fertilisantes
qu'elles laissent par leur enfouissement presque à la
surface du sol, à la proximité des courtes racines de nos
céréales.

Maintenant il existe en agriculture une autre cause

de gain en azote qui est basée sur le principe suivant :
« L'azote atmosphérique est absorbé par la terre en
raison directe de la porosité de cette dernière. » On a la
preuve évidente de ce principe dans les bons effets des
binages et des labourages multipliés ; or les légumineuses enfouies par leurs racines et leurs tiges très ramifiées
augmentent beaucoup cette porosité, et partant le gain
en azote atmosphérique.

M. Pagnoul a fait des études sur les gains en azote des
terres labourées non ensemencées, des terres gazon-
nées et des terres portant du trèfle. Voici la moyenne
des résultats qu'il a obtenus pour un hectare de sol
arable :

Terre nue labourée..	29 kilogrammes d'azote.	
Terre gazonnée......	394 —	—
Terre avec trèfle.....	904 —	—

Les engrais verts se font avec les trèfles, les vesces,
les lupins, le sainfoin, les féverolles, la spergule, les na-
vets, etc.

Comme ces engrais doivent avoir pour effet de ramener à la surface du sol les matières nutritives que leurs
racines vont puiser dans les profondeurs du sol, il convient de choisir les plantes qui ont les racines pivotantes
et longues.

Comme ces engrais doivent enrichir le sol en azote
dérobé par leurs feuilles à l'atmosphère, il faut choisir
ceux qui ont l'appareil foliacé le plus abondant et sur
lesquels l'azote se fixe le plus facilement. Ce sont les légumineuses citées plus haut qui possèdent cette propriété au plus haut degré ; ce sont elles que l'on emploie
le plus généralement.

Les engrais verts ont surtout un effet remarquable sur les sols calcaires et légers. Dans les années sèches ils sont préférables à une bonne fumure de fumier de ferme.

ENGRAIS CHIMIQUES EN HORTICULTURE

On doit à M. Xambeu plusieurs formules d'engrais chimiques pour fleurs, donnant de très bons résultats. En voici quelques-unes.

Pour les plantes florales et d'ornement :

Chlorure de potassium	1	gramme.
Nitrate de soude	2	—
Superphosphate de chaux	8	—
Plâtre	9	—

Employer 400 grammes du mélange ci-dessus par mètre carré avant les premiers binages en février ou mars.

Pour les fleurs en massif :

Nitrate de soude	1	gramme.
Chlorure de potassium	1	—
Sulfate de fer	1	—
Plâtre	1	—
Superphosphate de chaux	6	—

Arroser les fleurs une seule fois avec une dissolution de 300 grammes du mélange ci-dessus par mètre carré.

Pour les fleurs en pots :

Nitrate de soude	1	gramme.
Sulfate d'ammoniaque	1	—
Chlorure de potassium	1	—
Sulfate de fer	1	—

Plâtre........................... 4 grammes.
Superphosphate de chaux......... 8   —

DU SULFATE DE FER

SES DIFFÉRENTS EMPLOIS EN AGRICULTURE

Le sulfate de fer a conquis ses droits à la reconnaissance des agriculteurs. Il a de brillants états de service, et on ne peut plus nier son efficacité ; comme engrais dans les terres peu ferrugineuses ; comme remède contre la chlorose des arbres, de la vigne et des prairies ; comme antiparasitaire contre la mousse des prairies, la cuscute, les lichens, et les verrues des arbres ; enfin comme désinfectant des matières en putréfaction.

Le sulfate de fer comme engrais. — Comme engrais, le sulfate de fer produit les plus beaux effets dans les sols où manquent les sels de fer assimilables. — Répandez au printemps de 60 à 75 kilogrammes de sulfate de fer par hectare sur du blé qui vient mal, jaunit et semble souffrir, vous le verrez bientôt s'allonger, se taller et venir du plus beau vert. Les pommes de terre, les carottes, les haricots ainsi traités sont d'abord moins sujets aux maladies cryptogamiques et donnent un rendement de 20 à 50 0/0 plus considérable. Dans certains sols, la vigne se trouve également très bien de cet engrais. Il a un effet surprenant sur certains arbres et arbustes malades, épuisés et languissants, surtout sur les pommiers et lespoiriers, à la dose de 150 grammes à 1000 grammes pour chaque arbre. La végétation est augmentée, les feuilles deviennent plus vertes, les fruits se forment mieux et tombent moins ; toute la colonie des parasites disparaît. Les prairies sèches et les pelouses jaunies trouvent leur régénérateur dans le sulfate de fer à la dose de 150 à 200 kilogrammes répandus par hectare au printemps. Malgré la chaleur, l'herbe se conserve verte et abondante.

On peut répandre le sulfate de fer en nature, mais dans toutes les fermes bien organisées on procède autrement. On se rend d'abord compte des besoins du sol en sels de fer par des essais comparatifs, puis une fois qu'on est fixé sur ses bons effets on le fait entrer dans la composition des fumiers. Comme il possède une action désinfectante sur les déjections animales, on le répand sur le sol des écuries toutes les fois qu'on enlève le fumier. Les gaz ammoniacaux et l'hydrogène sulfuré se trouvent neutralisés et fixés, et la perte d'azote qui résulte de la volatilité de ces gaz se trouve évitée. Enfin la mauvaise odeur est diminuée. On a reconnu que les fumiers traités au sulfate de fer conservaient de plus que les fumiers abandonnés à eux-mêmes 3 à 40 0/0 d'azote par suite de la fixation des gaz azotés volatils par ce sel. La dose employée est de quatre kilogrammes, par animal et par mois.

Le sulfate de fer contre la chlorose. — Comme remède contre la chlorose, le sulfate de fer a encore un effet plus marqué; là, il est presque indispensable. La chlorose chez les plantes se manifeste par une diminution de leur couleur verte, la chlorophylle; elles pâlissent, deviennent jaunes, languissent, se sèchent et meurent. Un peu de sulfate de fer leur rend leur couleur et la vie. Arrosez des pieds de vignes chlorosés avec une dissolution de 900 grammes de sulfate de fer et vous verrez bientôt la végétation reprendre sa vigueur; bien plus, ce traitement seul suffira pour écarter l'oïdium et le mildew. Agissez de même sur des pommiers, poiriers, pêchers, etc., à la dose de 1000 à 1500 grammes de sel par pied, et ils auront bientôt repris leur verte parure. Si vous avez une fleurette qui s'est étiolée faute d'air, ou qui ne trouve plus dans la terre de son petit pot de quoi parer à l'anémie qui la jaunit, arrosez-la une fois ou deux avec une solution de 5 grammes de sulfate de fer par litre d'eau et en quatre jours elle aura retrouvé sa bonne mine.

Le sulfate de fer antiparasitaire. — On a préconisé le sulfate de fer pour la destruction de la mousse des prairies, à la dose de 400 à 800 kilogrammes par hectare, mais le succès n'est pas toujours certain.

Il n'en est pas de même de la destruction de la cuscute qui est toujours assurée par des arrosages avec une solution à 12 0/0 de sulfate de fer. On arrose de façon à mouiller suffisamment la terre et par contre la cuscute qui se trouve dessus, mais jamais assez pour que l'eau puisse s'infiltrer jusqu'aux racines du trèfle qu'elle ferait périr. Au bout de quelques jours la cuscute est noire, on la fauche avec l'herbe qui la porte et on la fait brûler.

Le sulfate de fer désinfectant. — Le sulfate de fer est un désinfectant puissant ; il décompose les gaz délétères des fosses d'aisances et des déjections animales, il supprime ou diminue les odeurs ammoniacales.

Comme antiseptique, c'est un préservatif précieux des maladies contagieuses, en lavages dans les écuries contaminées.

FOINS TERRÉS ET HUMIDES

LEUR AMÉLIORATION PAR LE SEL

Toutes les fois qu'il s'agit de conserver une substance alimentaire quelconque, qu'il s'agit de la rendre plus sapide, plus agréable, plus digestive, le sel est là, qui nous offre sa grande puissance de conservation, ses précieuses qualités toniques et stimulantes à un prix des plus modiques. Comme condiment et à doses convenables, c'est un excitant puissant de la digestion ; on en donne aux bêtes que l'on veut engraisser.

Comme agent de conservation, ses précieuses qualités sont bien connues, et c'est comme tel qu'il trouve un emploi heureux dans la conservation et l'amélioration des foins mal serrés, humides ou terrés.

Le foin serré trop humide ou mouillé en le rentrant tend à fermenter, à prendre une mauvaise odeur et un mauvais goût. Répandez sur chaque couche de ce foin en le tassant une petite quantité de sel, de façon à en employer environ 5 kilogrammes par 1000 kilogrammes de fourrage et votre foin ne se perdra pas ; il fermentera peut-être, mais grâce au sel il restera comestible et ne sera pas rebuté des animaux.

Dans les années pluvieuses et dans certaines basses prairies limitrophes des cours d'eau, les foins sont quelquefois inondés et restent ensuite imprégnés d'un enduit fangeux ; on dit qu'ils sont terrés. Ces foins retenant une grande quantité de matières terreuses, sont indigestes et durs, ils fermentent facilement et acquièrent une mauvaise odeur. On neutralise en partie ces défauts et on fait accepter plus facilement ces foins des animaux en les salant encore comme ci-dessus.

Agriculteurs scrupuleux, désireux de bien faire, essayez et je vous promets satisfaction et bénéfice.

LE SEL DANS L'ALIMENTATION DES BESTIAUX A L'ENGRAIS

Nous n'entrerons pas dans les considérations qui ont fait accepter le sel comme excitant dans l'alimentation des bestiaux à l'engrais. Tout le monde sait aujourd'hui qu'on l'emploie sur une grande échelle dans ce but, mélangé aux aliments des bestiaux. Seulement comme le sel exerce des actions diverses selon la dose à laquelle on l'emploie, nous allons indiquer les doses moyennes ; qu'on en donne d'abord comme excitant et tonique, pour déterminer un engraissement rapide ; ensuite comme purgatif, car le sel, tonique à petites doses, est purgatif à doses élevées.

Pour un bœuf moyen à l'engrais, on donne par jour quatre cuillerées de sel ; trois pour une vache ; une pour un porc ; une cuillerée à café pour dix chapons.

Comme purgatif, on ne l'emploie guère que pour le porc et le chien.

Au porc de moyenne taille on en donne une bonne poignée et une petite au chien.

Quelques nourrisseurs remplacent le sel par le sulfate de soude comme excitant pour leurs bœufs à l'engrais, à la dose de deux cuillerées à bouche par chaque animal, et deux fois par semaine.

FOURRAGES ARTIFICIELS A PRODUIT RAPIDE

Dans les années sèches, lorsque les fourrages naturels viennent à manquer, on peut, dans le courant de l'année, y remédier par l'ensemencement de fourrages artificiels à produit rapide.

Voici, d'après le *Journal d'agriculture*, plusieurs mélanges de graines fourragères qui, semées dans le courant de l'été, peuvent donner par un temps favorable un fourrage abondant, six semaines à deux mois après leur ensemencement.

Nº 1 Sarrasin.................	25	kilogrammes.
Vesce de printemps......	25	—
Maïs jaune...............	15	—
Moutarde blanche........	10	—
Moha de Hongrie.........	8	—

A semer par hectare.

Nº 2 Pois gris de printemps...	25	kilogrammes.
Vesce de printemps......	25	—
Moutarde blanche........	10	—
Millet..................	5	—
Spergule...............	5	—

A semer par hectare.

PRÉPARATION ET CONSERVATION DES PEAUX DES ANIMAUX DOMESTIQUES ET AUTRES

Tout le monde peut avoir à préparer une peau en poil, ne fût-ce que celle d'un lapin. La chose est des plus fa-

ciles d'ailleurs et malgré cela, à la campagne, peu de
personnes savent pratiquer les peaux pour les rendre
utilisables, sans les faire passer par les mains du mégis-
sier. Cependant, là plus qu'ailleurs, il serait bon d'être
initié à toutes ces connaissances pratiques, puisqu'on y
dispose tous les jours de peaux brutes de lapin, lièvre,
chat, renard, blaireau, belette, fouine, mouton, agneau,
chevreau, et même de loup.

Les préparations que l'on fait subir aux peaux en poil,
pour les conserver et les rendre souples et utilisables,
sont peu difficiles à exécuter; elles demandent seulement un peu d'attention et de patience. Elles pourraient
ne pas être toujours bien pratiquées dans l'économie
du ménage, si on n'avait pas la possibilité de les simpli-
fier selon les cas. Aussi vais-je donner d'abord un procédé de préparation sommaire, destiné à conserver sans
altération jusqu'au jour de la vente les peaux que l'on
destine au commerce.

En second lieu, j'indiquerai un procédé pouvant servir
à la préparation définitive des peaux que l'on veut utiliser dans le ménage comme descente de lit, couverture,
pelisse, garniture de manteau ou autre.

Préparation sommaire des peaux. — On prend les
peaux encore fraîches, on les lave du côté de la chair,
puis on les racle avec une lame d'acier non tranchante
ou la lame émoussée d'un couteau. On cloue la peau
sur un cadre de bois approprié, le poil en dessous. On
brosse ce poil avec soin dans son naturel, ce qui est très
important; car la peau une fois préparée et sèche, les
poils restent dans la direction qu'ils occupaient pendant
l'opération. Une fois la peau tendue sur son châssis, on
la dispose à l'ombre et on l'imprègne deux ou trois fois

avec une solution de 100 grammes d'alun et une poignée
de sel par litre d'eau. Puis on tamponne avec soin,
après avoir piqué la peau de coups d'aiguille pour permettre à la solution astringente de la mieux pénétrer.
On décloue la peau avant qu'elle ne soit tout à fait sèche
et on la malaxe vigoureusement et longtemps dans les
mains en l'étirant dans tous les sens. On la remet ensuite sur le cadre, on brosse les poils pour les remettre
dans leur direction naturelle, on laisse sécher complètement et on conserve au sec jusqu'au jour de la vente.

Mégisserie des peaux. — Voici maintenant les soins à
donner aux peaux pour les mégisser complètement :

Faites dégorger les peaux en les mettant macérer dans
de l'eau fraîche pendant un jour ou deux, selon leur
épaisseur. Raclez-les du côté de la chair avec des lames
d'acier non tranchantes, en les tendant sur des madriers
ronds. Plongez-les ensuite pendant deux jours dans un
bain tiède de 60 grammes d'alun et d'une poignée de sel
de cuisine par litre d'eau. Au bout de ce temps, sortez les
peaux et étirez-les dans tous les sens. Remettez-les dans
le même bain que vous aurez réchauffé et laissez-les
macérer encore deux, quatre ou six jours selon leur
épaisseur. Au bout de ce temps, retirez-les du bain et
mettez-les sécher à l'ombre, le poil en dessous. Lorsqu'elles sont un peu ressuyées, étirez-les de nouveau
dans tous les sens, malaxez fortement, frottez dans les
mains, et jusqu'à ce qu'elles soient sèches, faites-leur
subir cette opération deux ou trois fois par jour, en
ayant soin de toujours terminer l'opération en bros-
sant le poil dans son sens naturel. Les peaux sont d'ailleurs d'autant plus souples qu'elles ont été mieux éti-
rées.

Dégraissez enfin les poils en les frottant avec du son, puis brossez avec soin.

Ainsi préparées, les peaux peuvent servir à tous les usages auxquels on les destine dans le commerce.

UTILISATION DE TOUTES LES PLUMES DE VOLAILLES

ÉDREDON ARTIFICIEL

Dans la plupart des fermes, on jette au fumier les plumes du menu gibier et des volailles de la basse-cour autres que les oies ; cependant il n'en est pas partout ainsi, et les gens du Midi sont passés maîtres dans l'art de tirer parti de toutes ces plumes. Ils les récoltent avec soin, les trient et les préparent pour leur usage personnel ou bien ils les vendent à l'état brut à l'usine voisine. La préparation de ces plumes dans les fermes consiste à les passer dans un four modérément chauffé pour détruire les larves d'insectes qu'elles contiennent et qui les piqueraient plus tard, et pour rendre imputrescible cette partie grasse, superficielle et interne du rachis, qui lorsqu'elle n'est pas décomposée par la chaleur, détermine à la longue une fort mauvaise odeur. Une fois passées au four, les plumes sont triées par les enfants pendant les veillées d'hiver ; les plumes de queue servent à faire des plumeaux ; le duvet est mis de côté tel que, et les plumes intermédiaires sont toutes ébarbées aux ciseaux. Les barbes sont rassemblées dans un sac de grosse toile, frottées vigoureusement à la main et battues avec des bâtons jusqu'à ce que le tout soit bien feutré. On a ainsi ce qu'on appelle l'édredon artificiel qui, lorsqu'il a été bien préparé, bien débarrassé de toute vermine et de toute matière putrescible, a tout autant de valeur que la meilleure plume d'oie ; à Paris, on en emploie des quantités considérables pour la literie qu'on y confectionne.

Lorsque ces plumes sont portées à l'usine, on leur fait subir les préparations suivantes : on les passe d'abord dans des cuves chauffées à la vapeur pour les stériliser et les débarrasser de leur matière grasse putrescible. On les sèche, puis on les amène sous le vent de puissants ventilateurs qui les projettent plus ou moins loin dans de vastes couloirs. Selon leur densité, les plus lourdes tombent tout près du ventilateur, les moyennes viennent ensuite et enfin tout au fond on ramasse le plus fin duvet. La plume se trouve ainsi toute triée en plusieurs catégories, qui subissent elles-mêmes de nouveaux triages. Néanmoins tout est utilisé : les plumes de queue des coqs, colorées de mille couleurs, servent à faire des panaches et des plumets ; les longues plumes des ailes, des plumeaux ; les intermédiaires sont ébarbées ; les rachis se transforment en cure-dents, en manches de pinceaux, en petits soutiens pour la ligne du pêcheur, et les barbes deviennent édredon artificiel. — Le duvet, débarrassé des parties dures qui lui enlevaient sa valeur, vient se ranger comme qualité après celui de l'oie ; quelquefois il sert à le frauder après avoir été blanchi artificiellement.

Voici donc une question de plus à étudier pour la ménagère économe ; et si elle ne peut pas écouler ses plumes dans le commerce, elle trouvera toujours un avantage à les utiliser dans son ménage ; car la fermière qui confectionnera sa literie avec la plume de ses poulets, triée et ébarbée l'hiver à temps perdu, se fera d'aussi bons lits qu'avec de la plume d'oie, et cette dernière économisée et vendue lui constituera son bénéfice.

CHAULAGE ET SULFATAGE DES GRAINES DE SEMENCE

Le chaulage et le sulfatage des graines de semence ont pour but : d'abord de mettre ces graines à l'abri de l'attaque des insectes ; ensuite de les préserver de la pourriture dans les années humides ; enfin de les débarrasser des germes de la carie, sorte de champignon microscopique qui attaque le grain, le rend d'abord gris, puis noir et lui communique enfin une odeur très prononcée de poisson avarié.

Le sulfatage est préférable au chaulage pour préserver le grain du charbon et de la carie, mais il coûte un peu plus cher. Le chaulage, vu son bon marché, peut être préféré au sulfatage toutes les fois que l'on est sûr que la semence que l'on emploie ne contient pas de grains atteints par la carie.

Pour sulfater un hectolitre de grains, on prend 250 grammes de sulfate de cuivre ou vitriol bleu, on le dissout dans 10 litres d'eau et on en asperge peu à peu le grain mis en tas sur l'aire, en le remuant avec des pelles de bois. Lorsque tous les grains sont imprégnés du mélange, on les écarte en couche peu épaisse et on laisse sécher en remuant encore une fois ou deux.

Pour chauler un hectolitre de grain, on fait dissoudre 250 grammes de sel de cuisine dans 10 litres d'eau, on y éteint un kilogramme de chaux vive et on verse peu à peu sur le grain mis en tas et brassé à la pelle. On étend encore en couche assez mince et on laisse sécher. — L'adjonction du sel à la chaux est une excellente pratique, la chaux adhère mieux au grain et par là son action est prolongée.

Dans les grandes exploitations, il est avantageux de procéder autrement.

Que l'on emploie le chaulage ou le sulfatage, on prépare l'une ou l'autre solution dans les proportions indiquées ci-dessus et on la dispose dans un bac. On prend ensuite le grain dans de grands paniers et on le trempe dans le liquide; on laisse égoutter et on le répand sur le sol de la grange où on le laisse sécher en le remuant à la pelle une fois ou deux.

LE CRESSON DE FONTAINE
ÉTABLISSEMENT D'UNE CRESSONNIÈRE

La production du cresson, aliment tonique et surtout antiscorbutique certain, est trop négligée dans toutes les campagnes où sa culture est possible. C'est pourtant un antiscrofuleux précieux, et nombre de personnes et d'enfants principalement l'absorbent à grands frais, venant de chez le pharmacien sous forme de sirop, qui pourraient le manger avec satisfaction à l'état nature, agrémenté d'un peu de gros sel et d'un morceau de pain sec.

Le cresson retient la perruque
Du sommet jusqu'à la nuque ;
Si vous en frottez les cheveux,
Ils en viendront plus forts et mieux.

Des dents il apaise la rage,
Guérit dartres et feu volage;

disait du cresson une vieille école de médecine.

« Cresson de fontaine pour la santé du corps ! » crient encore les marchands dans les rues de Paris.

L'école du jour a, il est vrai, moins de confiance en toutes les vertus sus-énoncées, mais néanmoins elle emploie encore beaucoup le cresson comme antiscorbutique.

Enfin c'est un aliment sain et très économique, compagnon forcé de bien des rôtis. Aux abords des grands centres, il donne lieu à un commerce assez rémunérateur.

Partout où l'on dispose d'un peu d'eau courante, on peut établir une cressonnière ainsi qu'il suit : on établit une fosse plus ou moins longue, plus ou moins large selon les besoins ; on en tapisse le fond et les parois de terre glaise pour la rendre imperméable. On laisse au sol une très légère inclinaison et on en barre les deux extrémités par deux planches, pour régler à volonté l'arrivée, la hauteur et l'écoulement de l'eau. Lorsque le sol est ainsi préparé, on y dispose une couche de dix centimètres de sable mélangé de terre, et on laisse rentrer un peu d'eau pour mouiller et procéder à la plantation du cresson. On se procure alors quelques pieds de cresson et on les dispose de loin en loin sur le sable, ou à dix centimètres les uns des autres, si on en a suffisamment pour garnir toute la fosse. On mouille d'abord deux ou trois fois par jour, pendant deux jours ; on couvre ensuite d'une légère couche d'eau, et lorsque le cresson est en croissance, on règle définitivement l'écoulement de façon que la couche d'eau ait environ dix centimètres de hauteur.

La cressonnière demande à être soignée, c'est-à-dire qu'on doit en couper le cresson souvent au ras de l'eau, et détruire les autres plantes aquatiques qui pourraient pousser en même temps que lui et nuire à sa croissance.

LES ESCARGOTS AU POINT DE VUE DE L'ALIMENTATION

ESCARGOTIÈRE

Les escargots comestibles font l'objet d'un assez grand commerce dans une certaine partie de la France ; cependant bien d'autres contrées qui pourraient s'en faire une source précieuse de revenu les négligent. Dans tous les cas, on peut toujours en tirer un parti avantageux pour l'alimentation du ménage.

Toutes les espèces d'escargots ne sont pas comestibles, mais on en trouve de comestibles à peu près partout ou du moins on pourrait les acclimater partout. Leur domestication est facile ; un enclos sommaire suffit pour les parquer, des débris sans valeur suffisent pour les nourrir.

Au point de vue alimentaire, l'escargot offre une chair coriace d'une digestion assez difficile ; et si certaines espèces ont acquis une sorte de réputation, elles la doivent bien plutôt aux savantes préparations qu'on leur fait subir et aux condiments exquis dont on les accommode, qu'à la propre délicatesse de leur chair. Quoi qu'il en soit, les amateurs d'escargots ne sont pas rares.

On ne doit jamais manger les escargots à l'état d'activité, pendant la belle saison, sans leur avoir fait subir préalablement un jeûne de huit jours au moins et de quinze jours au plus ; sans cela les escargots n'ont pas le temps d'éliminer par une digestion prolongée les principes malsains que peuvent contenir leurs voies digestives. Ces mollusques ne sont pas incommodés par l'ingestion de plusieurs champignons et plantes vénéneuses ; mais ils deviennent par là malsains, tant que le travail de la digestion n'a pas entièrement transformé les matières vénéneuses qu'ils ont absorbées. D'un autre côté, on doit veiller à ne pas trop les faire souffrir par un jeûne trop prolongé, qui les rendrait absolument coriaces.

Presque tous les mollusques du genre hélix peuvent se manger, mais la plupart possèdent un goût trop désagréable pour être recherchés. Les espèces comestibles sont :

L'*hélix pommatia*, autrement dit escargot de Bourgogne ; c'est le plus gros de tous ; sa coquille est d'un roux clair, striée quelquefois de bandes plus ou moins foncées. On en trouve de grandes quantités en Bourgogne et dans les régions calcaires du centre de la France.

L'*hélix asperta*, escargot du midi de la Provence à coquille arrondie d'un brun verdâtre, à pavillon très large.

L'*hélix aspersa*, le limaçon par excellence, l'escargot le plus répandu. On le trouve un peu partout, surtout sur les sols calcaires, dans les endroits humides. Il est facile à reconnaître à sa coquille toujours sillonnée de larges bandes brunes sur un fond d'un jaune grisâtre. Il en existe encore un certain nombre d'autres espèces comestibles, telles que les hélix pyrgia, nemoralis, melonostoma, etc.

Ces escargots sont l'objet d'un très grand commerce ; il s'en consomme de très grandes quantités dans les grands centres et leurs prix sont souvent très rémunérateurs.

A l'état sauvage, ces mollusques vivent de préférence dans les endroits ombragés et humides, dans les terrains calcaires et perméables.

L'hiver, ils s'enfoncent dans la terre pour se soustraire au froid qui leur est funeste ; ils se retirent au fond de leur coquille, en closent l'ouverture par une sorte de membrane vitreuse, et passent les mauvais temps à l'état léthargique, pour se réveiller au printemps et venir à la surface du sol dès les premiers beaux jours.

Il y a déjà des siècles que l'on a commencé à tenir les escargots en domesticité dans le but de les faire se multiplier et s'engraisser. Les Romains étaient passés maîtres dans l'art de cette production et depuis eux les moyens n'ont guère changé. Cependant ces moyens diffèrent selon le but qu'on se propose. Ainsi, veut-on faire l'élevage des escargots, il faut leur créer des parcs ombragés d'arbres ou d'arbustes, pourvus d'eau et de fraîcheur. Veut-on seulement créer un dépôt pour collectionner ceux qu'on récolte dans les vignes et les jardins, soit pour les vendre lorsqu'on en possède un assez grand nombre, soit pour les manger ; on se fabrique alors une simple escargotière, soit à l'aide d'un vieux tonneau défoncé ou d'une boîte en bois, recouverts d'un fin treillage en fil de fer ; soit en creusant seulement un trou dans la terre et en en tapissant les parois de planches.

Si on a en vue l'élevage des escargots, il faut leur donner ou leur créer un milieu qui leur convienne, c'est-à-dire un endroit frais, ombragé et humide. Généralement on dispose à cet égard d'un coin de jardin possédant quelques arbustes pour procurer l'ombrage. On y amoncelle de loin en loin quelques grosses pierres et on l'entoure d'un fossé plein d'eau si c'est possible, ou d'un cordon de sciure de bois de 25 centimètres de largeur, lorsqu'on n'a pas d'eau à sa disposition. On plante dans les endroits les plus frais de ce recoin quelques plants de cochléaria et on y sème des plantes vivaces aromatiques, telles que les labiées, les orties, etc. L'eau est d'une grande utilité autour d'une escargotière ; elle procure naturellement la fraîcheur nécessaire aux escargots et elle forme pour eux un rempart infranchissable. Lorsqu'elle manque, on est forcé, dans les jours de sécheresse, de remplacer la pluie qui ne vient pas par des arrosages journaliers et abondants. Une fois le parc préparé, on y réunit tous les escargots comestibles que l'on trouve au dehors après les pluies orageuses du printemps et de l'été. On les nourrit des débris de la cuisine, d'épluchures de légumes, carottes, raves, pommes de terre, betteraves, feuilles de salade. Des petites quantités de plantes aromatiques, telles que marjolaine, menthe, sauge, mélilot, rendent leur chair plus délicate et plus savoureuse ; ils sont très friands de son mouillé. Ils ne tardent pas à multiplier et pondent des œufs en abondance ; mais les jeunes produits ne sont bons pour la vente que dans le courant du deuxième hiver.

Dès le commencement de l'automne, on a soin de recueillir tous les escargots pouvant être vendus et on les dépose dans des tonneaux défoncés et recouverts de treillage, sans leur donner de nourriture ; ils ne tardent pas alors à s'enfoncer dans leur coquille et à sécréter leur opercule. Une fois leur coquille fermée, on peut déposer les escargots dans une cave sèche à l'abri de la gelée, en tas de 20 à 30 centimètres de hauteur en attendant la vente ou la consommation. Lorsqu'on a une certaine quantité d'escargots en cave, il est bon d'en visiter les tas de temps en temps, pour enlever ceux qui meurent avant qu'ils ne soient décomposés, car ils ne tarderaient pas à faire périr tous leurs voisins. Les visites doivent se renouveler surtout aux approches du printemps, car à cette époque les escargots sont très sensibles et périssent facilement.

A peine revenus à la vie, on doit leur procurer à manger.

Les jeunes escargots restés dans le parc à l'automne s'enfoncent dans la terre et se renferment aussi dans leur coquille dès les premiers froids. Ils gèleraient en partie, si on n'avait soin de déposer une bonne couche de paille sur toute l'étendue de leur domaine.

PONTE DES POULES

FAÇON DE L'AUGMENTER

S vous voulez augmenter considérablement la ponte de vos poules, nourrissez-les abondamment de sarrasin et d'orties cuites.

Utilisez pour la récolte de l'ortie les terrains secs, arides et pierreux non utilisables pour d'autres cultures.

L'ortie donnée en nourriture aux vaches laitières augmente également la qualité et la quantité de leur lait.

MALADIE DES POMMES DE TERRE
SON TRAITEMENT

Les pommes de terre comme la vigne ont aussi leur petit microbe, et dans certaines années pluvieuses et chaudes, ce microbe-là est une vraie ruine pour nos agriculteurs.

Il y a un demi-siècle environ qu'est apparu ce nouveau fléau de l'agriculture ; on vit les feuilles de pommes de terre se flétrir, attaquées par places et en dessous par des légions de champignons microscopiques ; en peu de jours, elles noircissaient entièrement et tombaient desséchées et racornies.

On étudia la nouvelle maladie et on la trouva produite par un champignon parasite de l'ordre des péronosporées, le phytophtora infestans, analogue au mildew de la vigne. Ce champignon se développe rapidement sur les feuilles et laisse tomber des quantités innombrables de spores qui emportées par les vents viennent se fixer sur les feuilles de pommes de terre saines. L'ensemencement de la maladie est ainsi fait et ne demande plus qu'un temps favorable pour se développer.

Ce temps-là, heureusement pour l'agriculture, n'existe pas chaque année ; il consiste en un temps humide vers la fin de juin et le commencement de juillet, et en un temps très chaud et sec vers la fin de juillet et en août.

Longtemps on est resté désarmé contre les ravages du phytophtora, lorsque ces dernières années on a eu l'heureuse idée de le combattre comme le mildew par les solutions de sel de cuivre.

De savants expérimentateurs ont démontré l'efficacité

de ce traitement. Les écoles d'agriculture et beaucoup de grands agriculteurs en ont depuis longtemps fait des essais couronnés de succès.

Dans les années propices au développement de cette maladie, si on applique un bon traitement, préventif, on peut être à peu près sûr de doubler sa récolte. Le traitement appliqué dès le début de la maladie est encore très efficace. Enfin lorsque la maladie a fait des progrès, il faut faire deux applications de traitement ce qui double les frais ; malgré cela les avantages n'en sont pas douteux, car la récolte est encore augmentée de 15 à 20 0/0, tout en étant plus saine et de meilleure conservation. Donc un seul traitement suffit généralement ; on en fait un second dans les années tout à fait favorables au grand développement de ce parasite.

Le traitement consiste à arroser les plantes dans les premiers jours de juillet, en général, avec une bouillie bordelaise moyennement concentrée. Pour obtenir cette bouillie, on dissout 2 kilogrammes de sulfate de cuivre dans 50 litres d'eau, on éteint d'autre part 2 kilogrammes de chaux dans quelques litres d'eau, on réunit à la solution cuivrique et on complète le volume de 100 litres d'eau. On arrose les feuilles de pommes de terre de cette bouillie, soit avec un balai, soit avec un arrosoir et mieux encore avec un des pulvérisateurs usités dans le traitement de la vigne. Quinze à vingt hectolitres de cette bouillie suffisent pour arroser un hectare de plantation ; trois journées d'homme sont nécessaires pour la répandre. Le prix de revient des matières premières et de la main-d'œuvre peut être évalué à 30 ou 35 francs.

Les agriculteurs désireux de se rendre compte de l'efficacité de ce traitement peuvent en faire une applica-

tion partielle en laissant la moitié de leur plantation non
traitée comme témoin.

La différence de rendement et les avantages de la
bonne conservation des tubercules traités leur rendront
compte des bénéfices produits par le traitement.

GREFFAGE DES ROSIERS SUR ÉGLANTIERS

Voulez-vous, amis lecteurs, que nous vous enseignions
un passe-temps agréable ? Vous aimez les fleurs, n'est-ce
pas, ou tout au moins la rose ? Eh bien ! je vais vous
indiquer un moyen facile d'orner votre parterre, votre
petit jardinet ou votre simple plate-bande, de nombreuses variétés de cette reine des fleurs, si belle de
formes, si riche de couleurs tendres et délicates, si prodigue de son doux parfum.

Elle mérite bien la place d'honneur de votre parterre,
mesdames, cette enchanteresse qu'ont chantée les poètes
de tous les temps ; elle a droit à quelques-uns de vos
soins attentifs et délicats, cette prodigue, qui vous four-
nira un jour avec abondance les jolies corbeilles qui
orneront et embaumeront vos appartements. L'arbuste
qui porte cette jolie fleur est aussi très ornemental.
Veuillez donc vous intéresser à notre sujet. Nous vou-
lons vous enseigner l'art si simple et si commode de
multiplier le rosier par l'écussonnage sur l'églantier, si
toutefois vous ne le connaissez déjà.

Préparation des églantiers. — Avant de poser des greffes
de rosiers sur des églantiers, il faut d'abord avoir ces
derniers dans son jardin en pleine végétation ; or ils n'y
poussent pas d'emblée, en général, mais ils sont faciles
à y transplanter.

Les églantiers poussent partout ; on en trouve dans tous les bois ; pour une somme modique, on peut en faire arracher et transplanter beaucoup dans la même journée. C'est en automne, en général, que s'opère cette transplantation ; car dans ce cas, la végétation reprend plus tôt au printemps suivant ; cependant on peut aussi transplanter les églantiers dès le début du printemps.

On choisit de préférence l'églantier à fruits longs (*rosa canina*), qui plaît mieux à la plupart des rosiers que son congénère à fruits ronds. On prend les pieds de deux à trois ans, déjà un peu rugueux. Après les avoir arrachés, on les habille, c'est-à-dire qu'on coupe la souche à quinze centimètres du point d'insertion de la tige, en égalisant la coupe. On conserve les radicelles entières et on coupe à quelques centimètres de la tige celles qui ont été déchirées. On débarrasse la tige de toute végétation et on la coupe à la longueur voulue. Cette longueur varie selon l'effet décoratif que l'on veut obtenir. C'est ainsi qu'on prépare généralement des tiges de 1^{m}30, 0^{m}90 et 0^{m}50 de hauteur. Si on plante ces églantiers en massif, les plus longs se placent au centre, les moyens viennent après et les courts occupent les bords. Les églantiers s'accommodent de toutes les terres de jardin, pourvu qu'elles soient profondes et peu humides. Un peu de terreau mis au pied de chaque tige à la transplantation, favorise beaucoup la reprise et augmente la végétation. Au mois de mai suivant, on visite les églantiers pour supprimer tous les jeunes bourgeons, à l'exception de ceux sur lesquels on devra poser les greffes, et que l'on conserve au nombre de un, deux ou trois au sommet de la tige. On effectue un bon binage autour de chaque pied ; on renouvelle ce binage au mois de juin et on attend le moment voulu pour procéder au greffage.

Greffage en écusson. — Le greffage en écusson consiste à introduire entre l'écorce et l'aubier d'un sujet, une petite lamelle d'écorce de la plante à greffer, portant un jeune bourgeon en son milieu. On n'écussonne que lorsque la sève est dans tout son mouvement, ou lorsqu'elle commence à se tarir. De là deux méthodes d'écussonnage : à œil poussant au commencement de l'été, à œil dormant en automne.

Quoi qu'il en soit, l'opération est la même dans les deux cas.

Lorsqu'on a à greffer des rosiers sur églantiers, il faut d'abord faire choix de belles variétés, puis lever des écussons sur des rameaux bien constitués en pleine sève et toujours en leur milieu. Les belles roses abondent partout, il est donc toujours facile de se procurer sans frais des écussons nombreux et variés ; seules, les personnes qui voudraient se constituer une collection de choix et varier les couleurs à leur goût, seraient tenues de s'adresser aux grands jardiniers fleuristes, qui sont toujours à même de mettre à la disposition de leurs clients des écussons des plus riches et des plus belles variétés.

Pour lever un écusson, il faut s'entourer de quelques précautions ; il faut d'abord être muni d'un greffoir ou tout au moins d'un couteau effilé et coupant bien. Avec la pointe, on découpe dans le rameau, autour d'un œil de belle apparence, une languette de l'écorce, arrondie aux deux extrémités, de 20 à 25 millimètres de longueur sur 4 de largeur. On détache ce lambeau avec beaucoup de précaution et on en enlève autant que possible l'aubier qui peut y adhérer. Pour poser cet écusson, on fait sur le rameau choisi, dans l'écorce seulement, deux incisions transversales en forme de T. La plus grande est faite dans la direction du rameau et en dessus, elle doit avoir 30 à 35 millimètres de longueur ; l'autre transversale n'est faite que pour permettre de soulever l'écorce pour y introduire la greffe, sans produire de déchirure. On soulève délicatement, avec une spatule spéciale ou un couteau à bout rond, les bords de la grande incision pour y introduire l'écusson que l'on tient par ce qui reste du pétiole de la feuille ; on le fait glisser jusqu'au bout de la fente ; on introduit complètement ses bords sous l'écorce du sujet ; on appuie légèrement pour bien l'appliquer contre l'aubier et on ligature avec de la laine.

Écusson à œil poussant. — On écussonne ainsi les pieds d'églantiers vigoureux qui ont mis déjà de grosses pousses, fin juin ou commencement de juillet, au moment où la sève est encore dans toute son activité. On a dû avoir fait choix déjà des rameaux porte-greffes dès le mois de mai, pour supprimer entièrement les autres dès cette époque. On en garde généralement deux ou trois. C'est à leur partie supérieure et le plus près possible de la tige principale qu'il faut poser les écussons. Vingt jours environ après leur pose, on enlève la ligature de laine si la reprise a eu lieu, et on supprime l'extrémité des rameaux sur lesquels ils sont posés, pour les couper ensuite à deux nœuds de la greffe. Enfin on supprime ces deux derniers nœuds, lorsque la jeune greffe a pris un certain développement.

Écusson à œil dormant. — Cette greffe s'effectue à la fin d'août et en septembre. A cette époque la sève n'a plus la force de déterminer la pousse du jeune bourgeon, mais elle le soude suffisamment au sujet, pour qu'il puisse se réveiller et végéter dès le commencement du printemps. On pince l'extrémité du rameau en effectuant le greffage, et au printemps suivant, lorsque le bourgeon commence à se développer, on coupe le rameau en laissant un œil ou deux, pour appeler la sève encore quelque temps sur la jeune greffe ; enfin on le coupe entre la greffe et le premier œil.

Sur les jeunes sujets à peau encore lisse, on peut poser directement les écussons sur la tige principale. C'est ainsi que l'on constitue souvent les rosiers nains.

Choix des rosiers. — On cultive de préférence sur églantier les rosiers thé ; cependant la plupart des espèces de rosiers peuvent être greffées sur églantier.

Les *rosiers thé* sont délicats ; les rameaux en sont grêles, peu épineux ; les fleurs très belles, généralement pâles, blanches, jaunes ou légèrement rosées. En voici quatre superbes variétés :

Maréchal Niel.............. couleur jaune vif.
Beauté de l'Europe......... — jaune foncé.
Sombreuil................. — blanc rosé.
Souvenir d'un ami......... , — beau rose.

Les *rosiers Bengale* ont aussi leur mérite ; ils sont vigoureux, très florifères, leurs fleurs sont très belles, malheureusement leur parfum est peu prononcé. Les variétés suivantes sont à recommander :

La Victorieuse.......... Blanc légèrement rosé.
Général Bermond...... Rose, rouge au centre.
Prince Charles.......... Rouge vif.
Némésis .... Rouge cramoisi.

Les *rosiers hybrides remontants* sont les plus répandus ; il y en a de très nombreuses et fort belles variétés. Leurs fleurs sont douées, en général, d'un délicat parfum. En voici une gamme de douze espèces, classées du blanc pur au rouge noir :

Rose perle des blanches.........	Blanc pur.
Marguerite de Roman............	Blanc carné.
Madame Thérèse Appert..........	Rose tendre.
La Reine......................	Rose.
Comtesse de Paris.............	Rose nuancé de blanc.
Souvenir de la reine d'Angleterre.	Rose vif.
Gloire lyonnaise...............	Beau jaune.
Reine des violettes............	Violet clair.
Monsieur Joigneaux............	Rouge vif.
Triomphe de l'Exposition........	Rouge cramoisi.
Général Appert.................	Pourpre velouté noir.
Xavier Olibe..................	Noir velouté.

Les *rosiers noisette* et les rosiers sarmenteux fournissent les espèces propres à palisser, à garnir les grilles et les kiosques et à former des guirlandes d'arbre en arbre, de balcon à balcon. Leurs fleurs sont en corymbes et souvent très abondantes, mais sans grand parfum. Les plus à recommander sont :

Madame Alfret de Rougemont....	superbe ; blanc teinté de rose, bordée de pourpre.
Reine des ayrshires...........	Pourpre foncé.

DES CHAMPIGNONS

Au point de vue de l'économie domestique, les champignons offrent à coup sûr un très beau sujet d'étude. Il faudrait tout un volume pour exposer clairement les

avantages que les classes laborieuses rurales et surtout
agricoles pourraient en tirer; pour mettre en garde
contre les dangers d'empoisonnement par les mauvaises
espèces, en n'en popularisant qu'un petit nombre faciles
à reconnaître et à différencier; pour donner enfin de
ces espèces privilégiées les caractères clairs et précis.
Nous n'avons pas les capacités nécessaires pour entre-
prendre un si grand travail, et déjà des auteurs très
compétents ont comblé cette lacune : nous en dirons cependant quelques mots dans l'espoir de rendre service
aux gens de la campagne surtout, si dédaigneux, en
général, de ces végétaux que certains auteurs ont ap-
pelés avec conviction la manne du pauvre. Nous essaie-
rons de leur démontrer les grands avantages qu'ils pourraient tirer de cet aliment délicat et si peu coûteux,
pourvu qu'ils aient la sagesse de s'en tenir à quelques
espèces bien connues, à l'exclusion de toutes les autres.
Ces dédaigneux ne savent sans doute pas que ces mêmes
champignons mis en conserve donnent lieu à un commerce des plus importants dans certaines contrées. Le
Périgord seul expédie pour plus d'un million de bolets,
d'oronges et de morilles en conserves ; il se vend à Paris
pour plus de six millions de champignons cultivés qui
ne sont autres que la pratelle des jachères.

La facilité avec laquelle certains de ces champignons
se conservent, offre à la ménagère de grands avantages,
en lui procurant une ressource précieuse pendant l'hiver.
Autrefois la pratique de la conservation des champignons n'était qu'une question de luxe ou le sujet d'un
commerce très prospère ; aujourd'hui elle commence à
se vulgariser, mais elle devrait être connue de toutes les
maîtresses de maison. Mais pour conserver des champi-

gnons, il faut les récolter ; et là commence la difficulté ; à côté de quelques bons, il y en a beaucoup de mauvais. La prudence s'impose donc dans leur récolte ; mieux vaut s'abstenir de les cueillir, que de les cueillir au hasard ; mais mieux vaut aussi subir un léger dérangement et une dépense modérée pour se renseigner et apprendre à connaître les espèces qui croissent autour de soi, que de se priver des avantages qu'ils pourraient procurer.

Il n'y a pas d'autre moyen de reconnaître une espèce de champignon, que la connaissance de ses caractères étudiés d'après nature. Les moyens empiriques, préconisés à la campagne, sont tous défectueux et par conséquent dangereux.

Choix des champignons. — Il existe une grande quantité de champignons comestibles, mais la prudence nous impose de n'en préconiser que les espèces connues de longue date, et sur les caractères desquelles onpeut facilement se renseigner, tels que : l'agaric champêtre, les ceps ou bolets, le mousseron, l'agaric oronge, la morille et la chanterelle.

Agaric champêtre. — Egalement nommé pratelle champignon de couche ; on en trouve plusieurs variétés comestibles, mais toutes se rapportent à peu près au même type. La plus commune est la pratelle champêtre qui, cultivée, devient le champignon de couche. On la trouve à la fin de l'été et en automne un peu partout, dans les prés, les friches, les pacages, les luzernières, les bruyères, les bords des bois, de préférence dans les endroits où ont séjourné des déjections animales. Cet agaric porte un chapeau d'abord globuleux, convexe, puis presque plan lorsqu'il est vieux. La couleur varie du blanc, blanc

roux, au blanc brunâtre ; le sommet du chapeau est
souvent plus coloré que les bords ; il est lisse par endroits et presque toujours écailleux et squammeux en
d'autres. Les feuillets sont libres, d'abord blancs rosés
ou violacés, puis rouges bruns et enfin noirs. Le pédicule est en général cylindrique, ferme, charnu, blanc
ou fauve, lisse ou squammeux. L'odeur est délicate et
agréable.

C'est une des espèces les plus estimées des amateurs.

Il est utile de remarquer que les lamelles des pra-
telles sont toujours teintées de rose ou de violet, ce qui
les distingue de certains agarics dangereux, qui ont à
peu près le même aspect, mais dont les lamelles sont
toujours blanches.

Il est bon aussi de ne cueillir ces champignons qu'a-
vant leur entier développement.

Bolets comestibles. — *Ceps, girolles, potirons, brugnets.*
— Le genre bolet se fait tout de suitereconnaître à la
forme de son hymenium composé de tubes fins, réguliers et très serrés, remplaçant les lamelles plus ou moins
irrégulières que l'on trouve sous le chapeau de la plupart des autres champignons.

Le chapeau des bolets est épais, charnu, large, convexe, arrondi, assez souvent déprimé sur les bords, lisse
en dessus, de couleur variant du jaune cendré au brun
rougeâtre, ordinairement plus foncée sur le sommet.
L'hymenium se sépare facilement du chapeau, il est poreux, formé de tubes très réguliers, très fins, d'abord
blanchâtres, puis devenant jaunes.

Le pédicule est épais, tantôt très court, tantôt allongé,
souvent renflé en toupie, d'une couleur variant du blanc
au fauve. La chair en est d'abord ferme et blanche, puis

elle se ramollit, devient jaunâtre et se remplit de vers. L'odeur en est agréable, le goût excellent. Lorsqu'on brise un de ces bolets, la chair ne change pas de couleur ; c'est une des principales différences qui les distinguent des bolets dangereux.

Ces champignons croissent dans les bois futaies, de chênes et de châtaigniers, dans les clairières des taillis, sous les châtaigniers isolés. On les récolte du commencement de juin à la fin de septembre, après les pluies. Ceux qui croissent en été ont le chapeau d'une couleur plus claire, la chair moins ferme et le goût moins agréable que ceux qu'on récolte en automne.

Il faut bien se garder de confondre les ceps comestibles avec les ceps pernicieux, qui leur ressemblent beaucoup extérieurement. On les différenciera aux caractères suivants : la surface des tubes des bolets vénéneux est toujours colorée en rouge, ou rouge brun ; celle des bolets comestibles en blanc, ou blanc jaunâtre ; la chair des bolets vénéneux possède une odeur désagréable et devient bleue, verte et noire lorsqu'on la brise ; celle des bolets comestibles sent bon et sa couleur est immuable.

Ces champignons sont une ressource précieuse pour les pays où l'on connaît leur valeur nutritive et où on sait les utiliser. Ils sont toujours abondants et d'une valeur parfois extraordinaire. Les gourmets, les amateurs de bonne cuisine ont depuis longtemps rendu hommage à leurs excellentes qualités. Ils sont très nutritifs, car leur composition azotée, de même que celle de tous les champignons, se rapproche beaucoup de celle de la viande. Leur culture ne demandant aucun soin, leur récolte aucun déboursé, on comprendra sans peine l'empressement que mettent certaines ménagères éclairées à en faire d'amples provisions, tant pour les consommer de suite que pour en faire des conserves, qu'elles retrouvent ensuite avec beaucoup de satisfaction pendant l'hiver.

Mousseron blanc. — Tout le monde connaît ce petit champignon, au chapeau charnu, rond, conique ou convexe, à bords unis fortement repliés en dessous. La surface en est blanche, cendrée ou fauve, lisse, quelquefois squammeuse. Les feuillets en sont blancs ou très légèrement rosés, très réguliers; l'odeur fine et délicate. Il croît en avril, mai, après les pluies tièdes du printemps. On le rencontre par groupes sur le bord des fossés, dans les prés secs et dans les bois. Ce champignon est délicieux et de très bonne conservation.

Agaric orongé, amanite. — Le plus délicat, le plus exquis des champignons, au dire de certains amateurs. Ses qualités font qu'il est connu de bien des gens. Il possède d'ailleurs des caractères très spéciaux. Dans le bas âge, il est encore complètement enfermé dans son enveloppe blanche qui lui donne l'aspect d'un œuf; plus tard cette membrane se déchire, laissant entièrement libre le chapeau d'un beau jaune orangé, lisse et luisant, aux bords striés et recourbés en dessous. La chair en est ferme et blanche, légèrement teintée de jaune sous l'épiderme. Le pédicule gros et bulbeux est jaune intérieurement et extérieurement; il porte un large collier jaune, membraneux et persistant à sa partie supérieure.

On trouve l'orongé de juillet en octobre, dans les bois, les châtaigneraies; elle n'est jamais abondante.

Ce champignon a un congénère pernicieux, la fausse orongé, qu'il faut bien se garder de confondre avec lui. Cette dernière a toujours les lamelles blanches, tandis que celles de l'oronge vraie sont toujours jaunes. L'oronge vraie a toujours le chapeau lisse, tandis que la fausse oronge l'a très souvent tacheté des débris blancs de sa volva.

Morille comestible. — Le genre morille ne fournit que des champignons comestibles à saveur très agréable et très appréciée. Ce genre se distingue par la structure du chapeau, portant extérieurement des nervures anastomosées, qui forment comme des sortes de cellules profondes, irrégulières ou polyédriques arrondies. L'odeur des morilles est délicate et fine, leur saveur très agréable, leur dessiccation facile, toutes choses qui les font beaucoup rechercher des amateurs.

Elles paraissent fin mars et en avril, sur le bord des haies, sous les ormes, les frênes et dans les prés. Elles sont faciles à reconnaître par leur aspect tout particulier, et elles possèdent l'avantage de ne pas avoir de congénère vénéneux.

Chanterelle comestible. Chevrette. Crête de coq. Gingoule. Girolle. Jaunelet. Mérule. — Champignon de couleur jaune clair, jaune de soufre, jaune orange; à chapeau convexe dans le jeune âge, concave ensuite, puis formant l'entonnoir dans la vieillesse. Les bords en sont enroulés en dessous, sinueux, tourmentés, souvent plus larges d'un côté que de l'autre. Les lamelles en sont jaunes, irrégulières et grossières, formant des nervures; le pied également jaune se confond à sa partie supérieure avec le chapeau. La chair en est légèrement fibreuse, blanche ou blanc jaunâtre. L'odeur est délicate et la saveur, un peu mordante à l'état cru, devient très agréable par la cuisson.

On trouve ce champignon par groupes, du mois de

juin au mois d'octobre, dans les endroits frais, sous les taillis, les bois de châtaigniers et de pins. Il a un aspect si particulier, avec son chapeau tourmenté et entièrement jaune, qu'il est difficile de le confondre avec aucun autre champignon vénéneux.

Conservation des champignons. — Tous les champignons ne se conservent pas également bien, et dans la pratique domestique, on ne conserve guère que les espèces suivantes : les bolets ou ceps, les morilles, les oronges et les mousserons. Dans le grand commerce on conserve par le procédé Appert, dans des boîtes de fer blanc, pour des millions de francs de champignons. Ce procédé n'étant pas pratique dans les ménages, on se contente de les faire sécher ou de les saler.

Dessiccation. — On prend les champignons avant qu'ils ne soient arrivés à leur entière croissance. On les épluche, on rejette la partie inférieure de la queue et on les coupe par tranches. On les jette alors pendant deux ou trois minutes dans de l'eau bouillante; on les met égoutter sur des claies ou des tamis, et lorsqu'ils se sont essorés, on les enfile en chapelet, en ayant soin que les morceaux ne se touchent pas entre eux. On les met alors sécher à l'ombre, s'ils ont été cueillis avant le mois de septembre, ou au four, s'ils ont été cueillis après cette époque. Pour les sécher au four, on les arrange sur des claies et on les passe par deux ou trois fois dans un four modérément chauffé. Le séchage à l'ombre est toujours préférable, lorsqu'on n'a pas à craindre l'humidité et la poussière; mais s'il donne un meilleur produit, il occasionne aussi beaucoup plus de travail.

Une fois secs, on enferme les champignons dans des caisses bien closes, à l'abri de l'humidité. Avant de s'en servir, on les met revenir dans un peu d'eau tiède, où ils se gonflent et reprennent leur volume et leur aspect primitifs.

Salage. — On épluche les champignons comme ci-dessus, on les coupe par tranches et on les jette dans l'eau bouillante, dans laquelle on peut ajouter un peu de jus de citron ou une larme de bon vinaigre. Après trois ou quatre minutes de cuisson, on les met dans un linge propre, en les pressant légèrement pour les égoutter, puis on les dispose dans des pots, par couches alternatives avec des couches de sel fin.

Avant de s'en servir, on les met dessaler quelque temps dans un peu d'eau tiède.

L'ART D'AMÉLIORER LES VINS

C'est la cave qui fait le bon vin, dit un proverbe, et le proverbe a raison. Mais pour qu'une cave soit bonne, il faut qu'elle réponde à certaines conditions. Il faut qu'elle ait une température tempérée et à peu près constante, ce qu'on obtient toujours dans les caves souterraines voûtées, ayant leur ouverture au nord, ou tout au moins au levant. Une cave doit être fraîche sans être humide ; on obtient la fraîcheur en augmentant la profondeur de la cave au-dessous du niveau du sol ; on empêche l'excès d'humidité par le fait de l'aération, au moyen de soupiraux bien disposés. Les chantiers doivent être solidement et convenablement établis, de façon que les fûts pleins, une fois en place, ne puissent plus être remués ; ils doivent être suffisamment élevés au-dessus du sol, pour être soustraits, autant que possible, aux effets de l'humidité. Il ne faut jamais oublier que toute mauvaise odeur, que toute émanation putride et ammoniacale nuisent considérablement à la bonne qualité du vin. Il ne faut donc rien garder dans la cave qui puisse se décomposer ou fermenter, tel que pommes de terre germées ou pourries, boissons moisies ou aigries, vinaigre, etc. Il est urgent aussi de ne pas établir de fumier à proximité des ouvertures de la cave.

Tonneaux vides, soins à leur donner. — On ne doit mettre du vin que dans des fûts solides, bien joints, bien cerclés et en bonne lie.

On reconnaît que l'intérieur d'un tonneau est en bon état, à l'absence de moisissure et de mauvaise odeur. Dans ces conditions, on se contente de le laver simplement à l'eau et de le laisser égoutter avant de le remplir. Lorsqu'au contraire les tonneaux dont on veut se servir sont moisis, lorsqu'ils ont contenu des vins aigris ou pourris, il est nécessaire de les passer à l'acide sulfurique, avant de les remplir. Pour cela on prend environ un verre d'acide sulfurique, que l'on mélange à dix litres d'eau, puis on rince soigneusement les tonneaux avec ce liquide ; on passe plusieurs eaux pour enlever l'excès d'acide ; on rince à la chaîne pour enlever la surface du bois mortifié par l'acide ; puis on rince de nouveau et on fait égoutter. Dans le cas où les tonneaux seraient dans un très mauvais état, il faudrait doubler la dose d'acide ; mais ensuite il serait nécessaire de saturer l'excès d'acide par un lait de chaux et de terminer par de copieux lavages.

Immédiatement avant tout entonnage, on mèche les tonneaux, c'est-à-dire qu'on brûle dans leur intérieur une mèche de coton imprégnée de soufre. L'acide sulfu-

reux qui prend naissance dans ces conditions remplit
complètement le tonneau, pénètre dans tous les joints
et détruit tous les germes fermentescibles qui pourraient
y exister. Le méchage doit se faire immédiatement
avant le remplissage pour deux raisons : d'abord, lorsque le méchage se fait trop longtemps avant le remplissage, le gaz acide sulfureux se trouve absorbé en
grande partie par les pores du bois, et se dissolvant ensuite dans le vin, il lui communique un goût de mèche
désagréable. Enfin lorsque le méchage précède immédiatement le remplissage, le vin, en traversant l'atmosphère d'acide sulfureux, en dissout suffisamment pour
que tous les ferments qu'il pouvait contenir soient détruits.

Lorsque les tonneaux viennent d'être vidés, il faut
procéder immédiatement à leur nettoyage ; on les rince
à l'eau, on les mèche légèrement, on les bouche avec
soin et on les conserve dans un endroit sec.

*Amélioration des vins en fûts, préparation à leur faire
subir.* — Le vin une fois fait ne garde pas une composition constante, le principe sucré qu'il contient se transforme lentement en alcool et ce dernier en éther. Une
partie des sels qu'il renferme se précipite, entraînant un
peu de la matière colorante, pour former la lie. Le liquide se transforme lentement, s'épurant et prenant du
bouquet. Enfin au bout d'un temps plus ou moins long,
il cesse de prendre de la qualité, s'il reste en fût. On dit
alors que le vin est mûr ; il est temps de le boire ou de
le mettre en bouteilles où il continuera à s'améliorer.

Mais les choses n'en vont pas toujours aussi régulièrement, le vin a lui aussi ses maladies et ses microbes. Il
faut compter avec les conditions défavorables de milieu

ou de température, il faut lutter contre l'action perturbatrice de l'oxygène de l'air et des ferments ; il faut donner des soins constants à ce précieux liquide. C'est ce qui a déterminé l'usage des procédés suivants :

Le soufrage, qui détruit les ferments ;

L'ouillage, qui prévient l'action de l'oxygène de l'air ;

Le collage, qui précipite les particules solides qui troublent la limpidité du vin et nuisent à sa délicatesse ;

Le soutirage, qui soustrait le vin au contact de la lie, qui par le fait des fermentations et des différences de pressions atmosphériques, remonte par les temps orageux au milieu du liquide, au grand détriment de son arome et de sa finesse de goût.

Soufrage. — Le soufrage est un moyen très efficace de soustraire les vins à l'action malfaisante des ferments. On doit y procéder avec soin ; car, mal fait, le soufrage peut communiquer au vin un goût désagréable, qui ne se perd que par des soutirages répétés. Le soufrage s'effectue en brûlant, dans les tonneaux vides ou à la surface des vins en vidange, des bandes de coton trempées dans du soufre fondu, larges de quatre à cinq centimètres et longues de vingt centimètres environ. On en brûle généralement une par barrique de 220 à 250 litres.

Pour les fabriquer, on fait fondre du soufre dans un vieux vase et on y plonge les bandes à trois reprises ; on laisse égoutter et refroidir.

Pour soufrer un tonneau, on suspend solidement la mèche au bout d'une petite chaînette de fer, terminée par une bonde conique très allongée ; on allume la mèche et on la descend dans le tonneau, en fermant l'orifice avec la bonde du méchoir, sans trop appuyer cependant, car la combustion dilatant l'air, la bonde aurait des tendances à être projetée violemment, si la fermeture était hermétique. Dans la pratique bourgeoise, on peut avantageusement remplacer le méchoir à chaînette par une tige de fil de fer formant crochet et passée dans un journal plié, qu'on appuie sur l'orifice pour remplacer la bonde. Ces méchoirs ont cependant un inconvénient, ils laissent parfois tomber au fond du tonneau des gouttelettes de soufre imparfaitement brûlé, ou des parties de mèche, ce qui donne lieu à un nouveau lavage et à une nouvelle opération. Dans la grande pratique, on a remédié à ces inconvénients en employant des méchoirs perfectionnés, comportant au-dessous de la mèche un réservoir en porcelaine, pour recevoir les débris et les résidus de la mèche brûlée.

On soufre les tonneaux vides pour les conserver en bon état; on les soufre immédiatement avant de les remplir pour détruire les germes des ferments qui pourraient s'être développés sur leurs parois; on soufre les vins en vidange pour leur conserver leurs qualités, qui se perdent tous les jours, par le fait d'un contact prolongé avec l'air qui baigne leur surface.

Ouillage. — L'ouillage, ou remplissage des fûts, contribue pour beaucoup à conserver les vins en bon état, en diminuant la surface qu'ils ont en contact avec l'air ambiant.

L'ouillage des vins consiste à remplir de temps en temps les vides qui se forment dans les fûts, par le fait du tassement et de l'évaporation, avec un vin identique à celui qu'ils contiennent. On ne pratique guère l'ouillage que sur les vins de choix, mais alors cette précaution est indispensable, si on veut conserver au vin toute sa délicatesse.

Collage. — Le collage donne de la limpidité aux vins et les éclaircit, en précipitant, avec les matières solides tenues en suspension, un peu de matière colorante. Il consiste à mélanger aux vins diverses substances qui, agissant mécaniquement ou par combinaison, entraînent au fond du tonneau toutes les particules de lie, que les fermentations ou l'action de la température font remonter au sein du liquide.

On se sert pour coller les vins d'une quantité assez considérable de matières, dont les principales sont :

1° *Le blanc d'œuf.* — Le blanc d'œuf agit par l'albumine qu'il renferme et qui, coagulée par son contact avec le liquide alcoolique et tannique, forme un réseau très ténu qui entraîne, en se précipitant au fond, toutes les particules solides qu'il trouve en suspension dans la masse. On emploie quatre blancs d'œufs par hectolitre de vin. Avant de les mélanger au vin, on les fouette vivement avec un peu d'eau salée et un demi-litre de vin ; on verse dans le tonneau et on agite avec vivacité dans tous les sens. Au bout de quelques jours, quand le temps est sec, le liquide peut être soutiré. Le blanc d'œuf clarifie parfaitement les vins rouges, il est moins estimé pour les vins blancs, qu'on clarifie généralement à la colle de poisson.

2° *La colle de poisson.* — On en emploie environ dix grammes par hectolitre. Après l'avoir coupée par toutes petites parcelles, on la met macérer dans un peu de vin ; puis lorsqu'elle s'est gonflée, on la pétrit bien à la main ; on ajoute encore un peu de vin et on laisse macérer de nouveau ; enfin on passe la dissolution à travers un linge et on mélange au vin. On agite avec soin.

Lorsqu'on a à coller des vins blancs gras et filants,

on ajoute à la colle de poisson dix à quinze grammes de crème de tartre par hectolitre de vin.

'3° *Le sang*. — On en emploie en général un litre par barrique de 250 litres. Il clarifie bien, mais il possède le désagrément de précipiter une partie notable de la matière colorante des vins et de nuire à leur bouquet. On ne l'emploie guère que pour les vins ordinaires, épais et chargés en couleur.

Soutirage, — Le soutirage est l'opération complémentaire du collage. Il a pour but de soustraire le vin à l'action défavorable de la lie. Cette lie, quoique précipitée au fond du tonneau par l'action du collage, remonterait en partie au sein du liquide sous l'influence des temps orageux ; par le soutirage, on l'élimine complètement. Cette opération est absolument indispensable à la bonification des vins de choix ; elle est très utile pour l'amélioration de tous les vins. Elle s'effectue deux fois par an, au mois de mars et au mois de septembre ; mais toujours, remarque importante, par un temps froid, sec et clair ; car dans ces conditions de température, la lie reste précipitée au fond du tonneau ; tandis qu'elle remonte au sein du liquide, toutes les fois que le temps est lourd, orageux ou pluvieux et aux époques où la vigne bourgeonne et fleurit.

Amélioration des vins en bouteilles. — Les vins suffisamment mûris dans les fûts et mis en bouteilles acquièrent rapidement de grandes qualités de finesse et de parfum ; mais encore, faut-il qu'ils soient mûrs, c'est-à-dire qu'ils restent en tonneau le temps voulu, pour se débarrasser de la majeure partie de leur lie et subir toutes les fermentations dont ils sont susceptibles. Tous les vins ne demandent pas à rester le même temps en fûts ; les vins légers et peu colorés sont plus tôt mûrs que les vins généreux, corsés et chargés en couleur. Il y en a qu'on peut mettre en bouteilles au bout d'un an, d'autres qui demandent trois à quatre années de fût, avant de subir la même opération.

La mise en bouteilles ne doit se faire que par un temps clair, sec et froid. On évitera de faire le travail aux époques où la vigne travaille et par les temps orageux, mous et pluvieux. Le vin mis en bouteilles doit être récemment collé et soutiré.

Les bouteilles doivent être de première qualité, ainsi que les bouchons, qu'on choisira souples, élastiques et très homogènes.

La pratique de la mise en bouteilles des vins, qui n'a lieu en général que pour les vins de choix, devrait bien s'établir aussi pour les vins de table ordinaires. Beaucoup de personnes n'hésiteraient pas à s'imposer ce léger travail, si elles voulaient bien en étudier les conséquences avantageuses. Toutes les fois qu'une barrique est mise en perce, le vin qu'elle contient possède toutes les qualités qui lui sont propres ; mais bientôt, au fur et à mesure que le vin diminue, la surface exposée au contact de l'air augmente ; l'oxygène de l'air exerce son action décomposante et pour peu que la consommation en soit un peu lente, le dernier tiers aura perdu, en partie, son arome et sa délicatesse. Il n'en est plus ainsi si on se donne la peine de mettre en bouteilles ce vin de consommation courante ; les premières bouteilles bues seront bonnes, mais les dernières seront encore meilleures.

BOUQUET ARTIFICIEL DES VINS

On a cherché à augmenter artificiellement le parfum naturel des vins, ou à en donner à ceux qui n'en avaient pas. On y est arrivé en faisant macérer dans ces vins une plus ou moins grande quantité de fleurs de genièvre, de romarin ou de sauge, de baies de genièvre ou de racine d'iris contenues dans des nouets. Cependant on obtient un meilleur résultat avec les fleurs mêmes de la vigne. A l'époque où la vigne est en fleurs, on récolte les fleurs prêtes à se détacher en secouant les tiges au-dessus d'un récipient quelconque. On laisse sécher ces fleurs à l'ombre, on les conserve au sec, puis à l'époque du cuvage des vins, on les réunit dans un nouet et on les met macérer dans une plus ou moins grande quantité de moût tiré à clair et en pleine fermentation, Quand la fermentation de ce moût est terminée, on le soutire et on le mélange ensuite au nouveau vin.

Enfin depuis quelques années, on a remarqué que les vins communs, fermentés sur une petite quantité de moût d'un vin de choix en pleine fermentation, acquièrent un bouquet identique à celui de ce dernier vin. C'est ainsi que certains vins du Midi, ensemencés avant leur fermentation d'un peu de levûre de nos meilleurs crus bordelais, en prennent l'arome et peuvent être vendus sous le nom de vins de Bordeaux, sans trop nuire à la réputation des bordeaux authentiques.

MALADIES DES VINS

LEUR TRAITEMENT

Pousse. — La pousse est une altération qui ne se manifeste que dans les vins de mauvaise qualité, peu alcooliques et n'ayant subi aucun soutirage. La présence de la lie est la cause déterminante de cette maladie, qui ne se montre pas dans les vins suffisamment collés et soutirés. Quand la pousse est à son début, le vin se trouble sous l'effet d'un commencement de fermentation ; bientôt cette fermentation s'accentue et le vin exposé à l'air pétille et prend une coloration bleu noirâtre. On dit alors qu'il est tourné.

Traitement. — Les vins poussés ou tournés sont difficiles à rétablir dans leur état primitif. Les moyens employés pour les corriger consistent : 1° à les passer sur la grappe, lorsqu'on se trouve à l'époque des vendanges ; 2° à les soutirer dans des fûts fortement soufrés ; à les coller et à les soutirer de nouveau dans une barrique légèrement soufrée avec adjonction de cent grammes de crème de tartre et d'un litre de bonne eau-de-vie.

Graisse. — La graisse est une maladie qui rend les vins onctueux et filants comme de l'huile. Elle n'attaque que les vins peu chargés en tannin ; c'est pourquoi les vins rouges, qui restent assez longtemps au contact des rafles et des pépins pour dissoudre leur tannin, y sont peu sujets ; tandis que les vins blancs, qui restent peu ou point sur la grappe, en sont souvent atteints.

Traitement. — On ajoute au vin 25 grammes de tannin par barrique, on agite et on laisse reposer.

Au bout de huit jours, si le vin n'a pas repris sa fluidité, on y ajoute 200 à 250 grammes de crème de tartre, dissoute à froid dans la quantité voulue de vin; on agite vivement et on laisse reposer. Il serait alors avantageux de coller le vin à la colle de poisson et de soutirer. On peut avantageusement remplacer le tannin prescrit par 100 grammes de pépins de raisins écrasés.

Acidité. Aigre. — L'acidité des vins est provoquée par un ferment spécial, le ferment du vinaigre, le mycoderma aceti. Les causes prédisposantes de l'acétification sont : une température dépassant 15°; l'accès trop facile de l'air à la surface des vins ; la vidange ou le défaut de remplissage des fûts; enfin les tendances à l'acétification d'un vin faible en alcool, ou ayant subi un cuvage trop prolongé ; la présence dans l'atmosphère des caves d'une grande quantité de ferments provenant des moisissures des murs et des chantiers, des tonneaux aigris, des végétaux en décomposition, des fûts de vinaigre, etc.

Le vin piqué est un vin qui commence à s'aigrir. Dans les vins aigris, une partie de l'acool est changée en acide acétique, les éthers sont aussi décomposés, et le bouquet des vins se trouve ainsi détruit.

Traitement. — Il est impossible de refaire un bon vin, d'un vin aigri ou seulement piqué ; il n'est même pas facile d'en faire une boisson potable.

Parmi les nombreux procédés qu'on a préconisés pour remédier à cette altération, en voici deux qui semblent donner les meilleurs résultats.

I. Lorsque l'acétification est à son début, on ajoute 100 à 150 grammes de tartrate neutre de potasse par barrique ; on laisse reposer deux jours, puis on soutire dans un fût fortement soufré, en ayant soin de garnir l'orifice de la cannelle, ou la douille de l'entonnoir, de mousseline ou de gaze pour retenir les cellules agglomérées du ferment acétique. On colle avec huit blancs d'œufs pour les vins rouges et 25 grammes de colle de poisson pour les vins blancs ; on laisse reposer huit jours et on soutire de nouveau dans un fût également soufré.

On y ajoute un litre d'eau-de-vie, et si la barrique n'est pas pleine, on brûle un tout petit peu de mèche soufrée à la surface du vin, avant de boucher hermétiquement.

II. Après avoir soutiré dans un fût fortement soufré, collé et soutiré de nouveau, on peut ajouter 8 à 10 kilogrammes de cassonade ou de sucre par barrique. Une nouvelle fermentation s'établit produisant de l'alcool qui remplace celui qui a été altéré. Le mauvais goût du vinaigre se trouve en partie atténué par le sucre.

Goût d'évent. — Lorsqu'un vin est exposé dans une barrique mal fermée ou trop en vidange, au contact trop prolongé de l'air, ou il aigrit, ou il prend un goût d'évent, goût désagréable dû à la perte de son arome, de son bouquet et d'une partie de son alcool. Donc pour empêcher cet accident, il est nécessaire de tenir les barriques bien fermées et bien pleines. Pour y remédier, il faut couper le vin altéré avec d'autre vin chargé en couleur et en alcool, et le soutirer après collage dans un fût soufré. Si le vin n'est pas trop altéré, on peut se contenter d'y ajouter un litre de bonne eau-de-vie après soutirage.

Goût de fut. — Le goût de fût est communiqué au vin par le mauvais état des tonneaux qui le contiennent. La

cause du mal vient du peu de soin qu'on apporte dans
la conservation des tonneaux vides et dans leur nettoyage. Quand un tonneau vient d'être vidé, il doit être
lavé, égoutté, soufré et bouché avec soin, puis conservé
à l'abri de l'humidité.

Lorsqu'on a à se servir d'un tonneau moisi et de mauvaise odeur, on doit le passer à l'acide sulfurique, le
rincer à la chaîne, le laver à grande eau et enfin le soufrer immédiatement avant de le remplir, si on ne veut
pas s'exposer à voir le vin moisir lui-même.

Traitement. — On soutire le vin fûté ou moisi dans
une barrique soufrée, on le colle et on y ajoute un demi-
litre de très bonne huile d'olives. On agite avec soin
pendant huit jours et plusieurs fois par jour. On laisse
reposer et on soutire de nouveau. L'huile, surnageant le
vin, se retrouve avec les dernières portions.

On peut également traiter le vin moisi comme le vin
aigri, à l'aide de sachets renfermant des noix ou du blé
grillé, et suspendus dans le liquide.

LE BEURRE. SA CONSERVATION

Le beurre est une denrée précieuse, mais délicate. Il
ne sort pas de bon beurre de toutes les barattes. Ses qualités sont subordonnées aux soins pris pour sa fabrication, à la qualité du lait et de la crème d'où il provient.

Certains beurres mal lavés retiennent une quantité
notable de petit-lait, qui les fait rancir rapidement. Certains laits déterminent un goût de fort dans les beurres
qui en dérivent. Les crèmes trop vieilles donnent un
beurre peu agréable et de mauvaise conservation.

La couleur du beurre varie du jaune au blanc crème, le jaune est le plus estimé. C'est pour cette raison que beaucoup de producteurs colorent leur beurre en le lavant avec du jus de carotte, une infusion de fleurs de soucis et de safran, ou mieux avec un produit spécial, l'orantia Krick, de Bar-le-Duc.

Le beurre exposé à l'air se conserve peu de temps, surtout l'été; il subit vite la fermentation butyrique, rancit d'autant plus vite qu'il a été mal égoutté et retient une plus grande quantité de caséine et de petit-lait. Sa couleur se fonce d'abord à la surface et il acquiert bientôt un goût de fort et une odeur détestable. Plusieurs procédés ont été préconisés pour le conserver à l'état frais pendant quelque temps ; en voici quelques-uns :

I. On doit d'abord débarrasser le beurre de toutes les matières étrangères qu'il peut contenir, eau, petit-lait, air, etc., en le malaxant énergiquement sous l'eau d'abord pour enlever les dernières traces du petit-lait, sans eau ensuite pour bien l'égoutter et lui donner une consistance homogène. On le tasse avec précaution pour éviter les vides, dans des vases bien propres, et on le recouvre tous les jours d'eau froide, privée d'air par une ébullition préalable. Quelques personnes remplacent l'eau bouillie par une solution de 1 gramme de bicarbonate de soude par litre d'eau, ou encore par un peu d'eau de chaux. Les sels alcalins tenus en dissolution dans ces eaux neutralisent l'effet de l'acide butyrique, au fur et à mesure qu'il se forme, et retardent la fermentation.

C'est pour le même principe que l'on malaxe le beurre rance dans une solution à 5 0/0 de bicarbonate de soude, ou dans de l'eau de chaux saturée. La rancidité étant provoquée par la fermentation lente des acides butyrique, cuprique et cuproïque, ces acides, au contact des sels de chaux et de soude, se transforment en sels alcalins non odorants et solubles. Le beurre après lavage est devenu mangeable, sans toutefois avoir recouvré ses qualités premières.

II. Le moyen suivant de conserver le beurre a été préconisé par M. Pierre Grosfils.

On malaxe le beurre dans une solution de 50 centigrammes d'acide salicylique et 50 grammes d'acide lactique dans deux litres d'eau. On égoutte bien et on tasse le beurre dans des pots de grès bien propres, en le laissant recouvert d'une légère couche de la solution ci-dessus. Par ses propriétés antiseptiques, l'acide salicylique empêche la fermentation de se produire. Lorsqu'on veut livrer ce beurre à la consommation, on le retire des pots et on le lave à plusieurs eaux pour enlever l'excès d'acide. Le beurre n'en retient alors que des quantités fort minimes, mais à cette dose et même à des doses cent fois plus fortes, ce produit est absolument sans danger pour la santé. Cependant des quantités infinitésimales restant dans le beurre sont encore très faciles à déceler par l'analyse et constituent une fraude défendue par la loi, lorsque du beurre ainsi traité est mis en vente.

Enfin si par des raisons d'économie de temps ou pour s'éviter des frais de port, on est forcé de recourir à ce moyen, il est bon de mélanger ce beurre à du beurre frais avant de l'envoyer sur les marchés.

III. La préparation du beurre fondu est trop connue pour qu'il soit nécessaire d'y insister. Il est cependant bon de dire que plus l'opération est conduite lentement et à une douce chaleur et plus le beurre conserve de ses qualités.

IV. Le beurre se conserve aussi par la salaison. Les beurres salés se divisent en deux catégories : les beurres demi-sel et les beurres salés.

Les beurres demi-sel comportent en moyenne par kilogramme 40 à 50 grammes du mélange suivant :

Sel blanc finement pulvérisé. . . . . 2 parties.
Salpêtre. . . . . 1 —
Sucre. . . . . 1 —

On mélange intimement. Ces beurres ne sont pas désagréables et se conservent assez longtemps, mais néanmoins ils finissent à la longue par s'altérer.

Les beurres salés se conservent très longtemps, mais ils sont d'une conservation moins agréable. Pour les obtenir, on mélange 120 à 150 grammes du mélange ci-dessus par kilogramme de beurre, et on conserve en vase clos, sous une couche de sel, dans un endroit frais.

FALSIFICATION DU BEURRE

BEURRE DE MARGARINE

Autrefois on introduisait beaucoup de substances étrangères dans le beurre pour le falsifier ; aujourd'hui ces falsifications n'ont plus leur raison d'être, depuis que la science a mis à la disposition de nos commerçants le beurre de suif, le beurre de margarine.

Jusqu'alors l'industrie qui s'occupait des corps gras en général et des suifs en particulier trouvait un emploi avantageux de leur dérivé le plus abondant, la stéarine, dans la fabrication des bougies ; mais restait l'oléo-margarine qui n'avait pas de débouché ; il fallait s'en débarrasser avec avantage et on en fait du beurre. Tout d'abord ce produit semblait devoir rendre quelques services, vendu sous son vrai nom, puisqu'il était comestible et bon marché ; malheureusement la fraude ne tarda pas à s'en emparer et depuis ce jour la quantité de suif qui s'est vendue pour du vrai beurre est incalculable.

La fabrication de ce beurre artificiel n'offre rien de difficile, cependant avant de décrire cette fabrication, il nous faut dire quelques mots des corps gras en général, du beurre et enfin du suif.

Les corps gras sont en général formés de la réunion de trois corps particuliers : l'oléine, la margarine et la stéarine, dans des proportions variables, puisque l'un d'eux peut même manquer. Ils renferment en plus quelques corps spéciaux auxquels ils doivent leurs caractères différentiels. C'est Chevreul qui, le premier, a réussi à diviser les corps en leurs principes immédiats, et en ce faisant il nous a dotés de la bougie, du savon, de la glycérine, et partant du beurre artificiel. Ces trois corps, oléine, margarine et stéarine, sont susceptibles de prendre l'état liquide, à des températures bien différentes ; c'est ce qui a permis de les séparer. Ainsi l'oléine est liquide à la température ordinaire et forme la majeure partie des huiles. La margarine devient liquide à 25° ; c'est elle qui se dépose l'hiver dans la bonne huile d'olives ; elle forme la majeure partie des graisses. La stéarine est solide à la température ordinaire et ne fond qu'à 45° ; elles est rare dans les huiles, mais abondante dans les suifs.

Le beurre naturel est formé en majeure partie de margarine, d'un peu d'oléine et d'une faible partie de composés butyriques qui lui donnent son goût propre.

Le suif est formé en majeure partie de stéarine ; le reste est de la margarine et de l'oléine, dans une proportion à peu près identique à celle qui existe dans le beurre naturel. Il n'y a donc qu'à séparer du suif la stéarine, pour avoir une graisse douce ayant à peu près la composition du beurre, moins les composés butyriques. Tout à l'heure, nous allons voir comment on les y fait rentrer.

Dans de grandes usines appropriées, les suifs et graisses de bœuf des abattoirs de Paris sont divisés en leurs éléments. Ces suifs sont déchiquetés mécaniquement, fondus avec une faible solution de carbonate de potasse et de sel marin dans des cuves chauffées au bain-marie.

La graisse fondue surnageant les membranes et les impuretés, est syphonnée dans de grands bacs où elle se fige. On l'empile alors dans des sacs de toile très forte et très serrée et on soumet ces sacs à la presse hydraulique entre des plaques chauffées et dans une atmosphère portée à 25°. A cette température, la margarine et l'oléine passent à l'état liquide et filtrent à travers le sac. La stéarine, fusible seulement à 45°, reste à l'état solide dans les sacs ; elle sert à la fabrication des bougies.

La première idée d'utiliser ainsi l'oléo-margarine, alors résidu sans débouchés rémunérateurs, pour en faire un beurre artificiel, est due à M. Mège-Mouries, qui en a fait une étude très approfondie et en a fait connnaître les procédés de fabrication, dont voici un extrait.

On prend un certain poids d'oléo-margarine et on y ajoute la moitié de ce poids de bon lait, et autant d'eau dans laquelle on a mis macérer préalablement une certaine quantité de pis de vache.

On y ajoute encore un peu de rocou pour colorer et on soumet le tout à un barattage identique au barattage du beurre ordinaire. Le mélange s'émulsionne et au bout de quelques heures se divise en deux couches : le beurre qu'on recueille, et une sorte de petit-lait qu'on rejette. Le nouveau beurre subit une malaxation vigoureuse sous un courant d'eau qui le débarrasse de toute impureté et le raffermit.

Ce beurre est envoyé aux halles des grandes villes et ne doit être vendu que sous le nom de beurre de margarine, sous peine d'amende. Malheureusement pour le consommateur, beaucoup trop de petits producteurs savent déjà falsifier leurs produits naturels avec cette graisse, de sorte que beaucoup croient manger du beurre naturel qui mangent surtout du beurre de suif.

PRÉSURE. SA FABRICATION

La présure est constituée par le suc de la caillette ou quatrième estomac des jeunes veaux. On recueille ces caillettes en ayant soin de ne prendre que les estomacs des tout jeunes veaux, n'ayant pas encore pris d'aliments végétaux. On les débarrasse intérieurement des matières étrangères qu'ils contiennent. On les essuie sans les laver, et on fait sécher ces caillettes après les avoir bien salées.

Autrefois on se servait directement des caillettes ainsi séchées pour coaguler le lait. On en coupait une petite parcelle qu'on délayait à l'aide du doigt avec un peu de lait, puis on mélangeait à la masse. De nos jours on se sert principalement des présures liquides, obtenues par la macération des caillettes dans un liquide alcoolique. Ces présures sont plus ou moins actives, d'une conservation plus ou moins sûre, selon le mode de préparation que l'on emploie.

Voici une formule qui nous donne d'assez bons résultats :

Caillettes récemment préparées.	N° 3.
Sel de cuisine....................	60 grammes.
Eau-de-vie.......................	100 —
Eau..............................	1 litre.

On laisse macérer un mois au moins et on filtre. On titre la liqueur, c'est-à-dire que l'on s'assure de la quantité nécessaire pour coaguler un litre de lait, puis on conserve en petits flacons bien bouchés.

Malgré la petite économie que l'on réalise ainsi, l'usage se répand de plus en plus de se servir des présures liquides titrées et de bonne conservation offertes par le commerce. Parmi ces dernières, nous ne saurions trop recommander la présure Krick, de Bar-le-Duc, dont la réputation n'est plus à faire.

PROCÉDÉ POUR DIMINUER LA CHALEUR DES APPARTEMENTS L'ÉTÉ

Ce procédé est basé sur le principe suivant : « Toutes les fois qu'un liquide s'évapore, il emprunte aux corps avec lesquels il est en contact et à la température ambiante la chaleur qui lui est nécessaire pour passer de l'état liquide à l'état gazeux, par conséquent il les refroidit. » C'est ainsi que l'eau des alcarazas se trouve refroidie par l'évaporation de celle qui suinte à leur surface ; c'est ainsi qu'un liquide, renfermé dans une bouteille exposée dans un courant d'air et entourée d'un linge mouillé, se refroidit d'autant plus vite que le linge qui entoure le vase se sèche plus rapidement. Donc pour abaisser la température d'un appartement, il faut y donner lieu à une évaporation d'eau. Si c'est une salle commune pavée ou dallée, on arrose de temps en temps et chaque arrosoir d'eau évaporée abaisse la température de quelques degrés. Si on se trouve dans un appartement parqueté, on est obligé d'avoir recours à d'autres expédients ; on peut dans ce cas suspendre dans l'embrasure de la fenêtre ouverte un linge mouillé. Je me souviens que dans nos chambres d'étudiants autrefois nous suspendions au plafond nos parapluies mouillés, en leur communiquant un mouvement de rotation par torsion de la corde qui les suspendait. Ce procédé nous réussissait très bien.

CONSTRUCTION D'UN FILTRE ÉCONOMIQUE

Trop souvent, dans certaines campagnes, à l'époque des chaleurs intenses, l'eau potable manque complètement. Elle se trouve remplacée par les eaux saumâtres et vaseuses des citernes ou des puits presque à sec, par les eaux de pluie tombant des gouttières ou encore par les eaux des rivières et des ruisseaux. Les unes et les autres sont saturées de gaz pernicieux ; elles sont indigestes et malsaines. Ce sont en général des macérations concentrées de substances végétales en décomposition : de vrais bouillons de culture de microbes, cause première d'une foule de maladies longues, pénibles et dangereuses qui ruinent la santé des personnes et dévastent les écuries de nos agriculteurs. Il est donc bon, en cas d'urgence, de pouvoir se soustraire aux dangers que ces eaux font courir ; on y parvient en les filtrant. La construction d'un filtre est d'ailleurs chose facile et peu coûteuse.

Le principe du filtre économique décrit plus loin repose sur la propriété que possède le charbon d'absorber les gaz qui viennent en son contact, de décolorer les liquides qui le mouillent et de les filtrer par sa nature poreuse en retenant leurs impuretés à sa surface.

Pour construire un filtre, il suffit d'un tonneau défoncé par un bout, d'un peu de charbon de bois et d'un peu de sable fin.

On dispose le tonneau dans un endroit frais, sur un support approprié. On adapte un robinet à sa partie inférieure ; dans le fond, on met un lit de cailloux d'environ 20 centimètres de hauteur, puis une couche de charbon de bois d'environ 40 centimètres, en ayant soin de disposer les gros morceaux dessous, puis les moyens, les petits et la poussière. On recouvre d'une couche de 40 centimètres de sable de rivière fin et bien lavé et l'appareil est prêt à fonctionner. Jetez là-dessus l'eau la plus vaseuse et vous la verrez au bout de quelque temps sortir claire et limpide à la partie inférieure.

Lorsque les mares à bestiaux sont tout à fait basses, l'eau en devient également malsaine pour les animaux qu'on y abreuve, elle est alors souvent la cause d'épidémies désastreuses. Il serait donc prudent dans ces cas-là d'avoir encore recours au procédé sus-indiqué, en l'appliquant sur une plus grande échelle. Là encore la dépense est minime et la garantie considérable.

Il se forme lentement à la surface de ces appareils une couche de vase qui ralentit, puis empêche la filtration; pour y remédier, on gratte d'abord de temps en temps la partie superficielle du sable, puis enfin on l'enlève pour le remplacer par du nouveau.

Enfin le procédé de fabrication de ce filtre, quelque peu compliqué qu'il soit, peut être encore trop plein de difficultés pour quelques personnes; celles-là peuvent se tirer d'affaire en remplaçant le tonneau par un grand vase à fleurs. On a soin alors de bien arranger dans le fond les gros morceaux de charbon pour que le trou unique du pot ne se bouche pas; on dispose ensuite les moyens morceaux et la poussière; puis on termine encore par une couche de sable fin et bien lavé. La cuisinière dispose ce vase sur un récipient quelconque, et a soin de l'entretenir d'eau pour que le débit puisse suffire à tous les besoins de la maison.

EAU FRAICHE L'ÉTÉ

Si l'eau pure et saine est indispensable, l'eau fraîche a aussi son mérite l'été; elle étanche la soif du travailleur, sous un plus petit volume; il en boit moins et s'en porte mieux, tout en étant plus satisfait. Mais il est souvent bien difficile de se procurer de l'eau fraîche pendant les grandes chaleurs, quand on n'a pas sous la main un puits profond et abondant. Enfin la provision emportée dans les champs par les ouvriers est presque toujours tiède, lorsqu'ils en ont besoin pour se désaltérer. On a cherché à remédier à ces inconvénients et on avait déjà trouvé dans l'utilisation des vases poreux ou alcarazas un moyen quelque peu pratique de rafraîchir les liquides, mais ces alcarazas sont, en général, d'une petite contenance et ne suffisent pas toujours aux besoins du ménage ; ils sont ensuite difficiles à emporter dans les champs, vu leur fragilité ; enfin ils ne sont pas d'un prix accessible à toutes les bourses.

Voici deux moyens pratiques et économiques de les remplacer :

I. On enveloppe les bouteilles contenant le liquide à rafraîchir d'un linge mouillé, on suspend le tout à l'ombre dans un courant d'air, on mouille une seconde fois le linge, s'il est nécessaire, et lorsqu'on a besoin du liquide on le trouve parfaitement frais.

II. On peut aussi se servir d'un seau en toile très serrée et bien cousue à deux rangs de piqûres, dans le genre des seaux des pompes à incendie. On a soin de doubler ce seau extérieurement d'une forte flanelle, on le remplit d'eau et on le suspend à l'ombre. Une certaine quantité d'eau s'échappe par les pores de la toile, mais en s'évaporant elle rafraîchit le reste. Au bout d'une heure, l'eau est très fraîche ; on peut encore la rendre plus désaltérante en y ajoutant un filet de bon vinaigre.

POTEAUX, PIEUX, ÉCHALAS

LEUR CONSERVATION

Si vous avez à planter en terre une quantité de poteaux, échalas ou autres madriers en bois, ne le faites pas avant de leur avoir fait subir la préparation suivante : faites tremper la partie de vos poteaux à enfouir en terre, pendant au moins huit jours, dans une dissolution de 1 kilogramme de sulfate de cuivre par 25 litres d'eau. Le sel de cuivre bouche les pores du bois, empêché l'humidité de le pénétrer et, comme antiseptique, s'oppose à toute multiplication de champignons et de moisissures. Ainsi traités, les poteaux se conservent en terre fort longtemps ; dans le cas contraire, l'humidité ne tarde pas à pénétrer dans le bois et à monter par capillarité jusqu'au-dessus des parties enterrées. Elle crée ainsi un milieu favorable au développement d'une foule de petits êtres organisés, qui ont bien vite raison des bois les plus durs. En quelques années la pourriture a fait son œuvre et les poteaux sont à remplacer.

On a conseillé aussi de planter les bois en terre dans le sens inverse de leur croissance, mais cette pratique n'est souvent possible que pour les échalas.

On peut se contenter de goudronner une fois ou deux la partie à enfoncer en terre.

CORDES, SACS, TOILES

LEUR CONSERVATION

Dans les grandes industries, on a soin d'augmenter la durée des toiles, bâches, sacs, câbles, cordes, etc., soumis à l'action de l'humidité et des intempéries, en les faisant tremper dans une solution de sulfate de cuivre. Ce procédé, par son bon marché et sa commodité, est à la portée de tous et peut rendre de très grands services même dans les plus petits ménages. La solution à employer est composée de 1 kilogramme de sulfate de cuivre dissous dans 20 litres d'eau.

DÉCOCTION DE QUASSIA CONTRE LES PIQURES DES MOUCHES

On frotte les chevaux de luxe avec une décoction de quassia amara pour les préserver des piqûres des mouches et des taons. Ce procédé pourrait trouver quelques applications dans les campagnes, soit pour calmer quelque jeune poulain dans ses premiers essais, soit pour empêcher les emportements et les mouvements brusques des bœufs sous le joug à la suite des piqûres que les taons leur font subir à la tête.

On se sert d'une décoction prolongée de 30 grammes de quassia dans un litre d'eau. On frotte de ce liquide la partie du corps de ces animaux la plus exposée aux piqûres des insectes.

PAPIER TUE-MOUCHES

La décoction de quassia amara est un violent poison pour les mouches ; elle fait la base de toutes les préparations qui servent à détruire ces insectes. Pour plus de commodité dans son emploi, on la fait absorber par des feuilles de papier sans colle qui sont vendues ensuite à l'état sec sous le nom de papier tue-mouches.

Voici une formule qui donne un de ces papiers très efficace et bon marché.

M. nº 1.{ Quassia amara	30	grammes.
Noix vomique	10	—
Mélasse	100	—
Eau	1000	—

Faites une décoction prolongée avec le quassia, la noix vomique et l'eau, passez, ajoutez la mélasse et trempez dans ce liquide des feuilles de papier buvard. Laissez sécher et découpez en feuilles de grandeur convenable. Pour vous en servir, étendez les feuilles dans une assiette en les mouillant légèrement et exposez dans les endroits fréquentés par les mouches.

DESTRUCTION DES PUNAISES

On se préserve de la piqûre des punaises et on les détruit dans les appartements qui en sont infestés par le procédé suivant : une fois par an, dans le courant de l'été, on procède au lavage à fond du plancher, des bois de lit et de tous les recoins accessibles aux punaises, à l'aide d'une solution bouillante de savon noir. La solution savonneuse est chauffée à l'aide d'un réchaud et elle est portée sur les fentes et les trous à l'aide d'une grosse éponge fixée au bout d'un bâton.

Deux fois par an on insuffle dans les fentes des bois de lit, sur les sommiers et les matelas quelques grammes de poudre de pyrèthre à l'aide d'un soufflet approprié.

Enfin préalablement on peut toujours se soustraire aux attaques de ces vilains insectes en insufflant une faible quantité de poudre de pyrèthre entre les draps avant de se mettre au lit.

RATS ET SOURIS
LEUR DESTRUCTION

On a employé de nombreuses préparations pour la

destruction de ces rongeurs; beaucoup sont efficaces, mais toutes demandent à être manipulées avec prudence. On ne doit pas oublier dans la disposition de ces appâts destructeurs qu'ils doivent être placés dans des endroits accessibles seulement aux rats et aux souris et toujours hors de portée des animaux domestiques. Voici de ces préparations les plus employées :

I. POUDRE SOURICIDE

Poudre de scille...................... 25 grammes.
Essence d'anis....................... V gouttes.

Cette poudre est un poison très prompt et très efficace pour les rongeurs. C'est la mort-aux-rats la plus inoffensive pour les animaux domestiques.

Son emploi n'offre rien de difficile ; il suffit d'en délayer une cuillerée à café dans une cuillerée à bouche de vieux fromage, de vieille graisse, ou dans un peu d'omelette, de diviser en cinq ou six parcelles et de placer dans les endroits fréquentés par les rats. C'est aussi la préparation souricide la plus économique.

II. PATE ARSÉNICALE

Graisse fondue................... 100 grammes.
Farine........................... 100   —
Arsenic en poudre................ 10   —
Noix pilées...................... 20   —
Noir de fumée.................... 10   —

On étend cette graisse sur des tranches de pain grillé ou sur des couennes qu'on divise en petits morceaux.

III. BLÉ EMPOISONNÉ

Ce blé concassé sur une certaine quantité d'arsenic est très efficace pour la destruction des gros rats. Son emploi est facile et son prix de revient modéré.

IV. AUTRE PROCÉDÉ

Un autre moyen, aussi efficace que peu dispendieux, consiste à faire un mélange de plâtre et de farine, à placer ce mélange dans des assiettes qu'on dispose dans les endroits fréquentés par les rats. A côté de chacune de ces assiettes, on en place une autre pleine d'eau. Les rats attirés par la farine absorbent en même temps un peu de plâtre, puis vont se désaltérer à l'assiette voisine ; le plâtre se gonfle alors au contact de l'eau et les étouffe.

DESTRUCTION DES LIMACES ET DES ESCARGOTS

Si vous voulez débarrasser votre jardinet des limaces et des escargots, placez-y de loin en loin quelques petits tas de son ; vous les trouverez le lendemain matin de bonne heure couverts de limaces qu'il vous sera facile de cueillir et de porter à la basse-cour. Vos poules n'auront jamais fait de meilleur déjeuner.

Pour chasser les limaces de votre jardin, souffrez-y le crapaud.

DESTRUCTION DES CHARANÇONS OU CALANDRES

Si les charançons ou calandres ont envahi votre réserve de blé, chassez-les à l'aide de chiffons imbibés d'acide phénique et suspendus dans le grenier. Remuez le blé à la pelle le plus souvent possible.

Les vapeurs d'acide phénique et les dérangements successifs qu'on leur fait subir font fuir ou asphyxient les charançons. L'acide phénique étant caustique, manipulez-le avec précaution, pour ne pas vous brûler les mains.

DESTRUCTION DES ALTISES

Préservez vos jeunes plants de choux ou de radis des attaques des pucerons ou altises qui les dévorent, en répandant de temps en temps sur vos semis un peu de cendre mélangée d'un dixième de soufre.

DESTRUCTION DES PUCERONS

I. Débarrassez vos rosiers et vos arbustes des pucerons qui les envahissent en les enfumant à l'aide d'un peu de tabac à fumer, légèrement mouillé et projeté sur des charbons ardents placés sous l'arbuste. Ayez soin, en même temps, pour augmenter l'effet de la fumée, de recouvrir l'arbuste d'une étoffe quelconque.

II. Un des plus grands ennemis du pommier se trouve

être le puceron lanigère, très facile à reconnaître à l'épais duvet blanc dont il s'entoure. Cet insecte se multiplie avec une grande rapidité, et dans les années qui sont favorables à son développement il détermine de grands ravages, en épuisant presque complètement les arbres sur lesquels il s'est fixé. On prévient son développement en badigeonnant les pommiers, au commencement du printemps, à l'aide d'un lait de chaux épais. Sous l'effet de la chaux, les mousses et les lichens tombent; les insectes et leurs larves qui se trouvent cachés dessous sont détruits et l'arbre, débarrassé de ces parasites, prend un développement normal qui lui permet de porter des fruits plus nombreux et plus beaux en automne. Cette opération doit se faire également sur les poiriers.

Lorsque le puceron lanigère a fait son apparition, il faut se hâter de l'exterminer avant qu'il n'ait commis des dégâts irréparables. En hiver, le meilleur moyen de le détruire consiste à le griller en flambant légèrement les places qu'il occupe à l'aide de torches de paille. Cette opération doit être faite assez délicatement pour ne pas endommager l'écorce de l'arbre. Quand la végétation est commencée, on se contente de laver les places occupées par les pucerons à l'aide d'une solution de 10 grammes de savon noir par litre d'eau.

DESTRUCTION DES FOURMIS

I. On empêche les fourmis de grimper sur les arbres fruitiers en entourant leur base d'un fil de laine trempé dans du goudron.

II. On détruit les fourmis en remplissant à moitié des

petites fioles d'eau sucrée ou miellée et en les plaçant à proximité des fourmis. — Attirées par la matière sucrée, les fourmis pénètrent dans la bouteille et s'y noient en grand nombre.

III. On chasse les fourmis des meubles et des placards qu'elles ont envahis en y déposant quelques poignées de menthe, d'absinthe ou de fenouil, contusés à coups de maillet. L'odeur essentielle qui se dégage fait fuir ces insectes.

ÉPOUVANTAILS POUR LES CORBEAUX

Tuez quelques corbeaux, placez-les au milieu de vos récoltes, les ailes déployées et maintenues par des crochets de bois. Ils seront pour leurs congénères les meilleurs épouvantails que vous puissiez trouver.

CHOUCROUTE. SA FABRICATION

Prenez des choux bien pommés et bien blancs. Enlevez toutes les feuilles extérieures et coupez-les par tranches minces avec un long couteau de cuisine. D'autre part, prenez un baril d'une contenance variable, selon le débit que l'on peut faire de la choucroute ; faites en sorte qu'il soit très propre, passez-le à la chaîne et remuez bien. Placez-le à la cave sur un bout, l'autre étant défoncé. Garnissez-en le fond d'une mince couche de sel, placez dessus une couche de choux d'environ 20 à 30 centimètres d'épaisseur et pressez bien avec les mains. Répandez encore deux ou trois poignées de sel, une pincée de poivre en grains et une pincée de baies de genièvre, et alternez ainsi les couches successives de choux pressés et d'assaisonnement, en terminant par une couche de sel.

Couvrez d'un linge propre ; placez les fonds par-dessus et surchargez d'une lourde pierre. Il est bon de placer entre les fonds et la pierre une planche transversale, qui a pour but de presser également tous les fonds et de les maintenir horizontalement.

Au bout de quelque temps, il s'effectue une certaine fermentation. Les choux, sous l'influence du sel, rendent une partie de leur eau, et le mélange s'affaissant se trouve recouvert d'une couche de saumure. On doit rejeter cette saumure de temps en temps et la remplacer par de l'eau fraîche ; cette opération doit se faire au moins tous les six à huit jours au printemps, un peu moins souvent l'hiver. Au bout de quatre à cinq semaines, la choucroute est faite. Pour s'en servir, on rejette l'eau qui la recouvre, on retire la quantité de choucroute nécessaire, on recharge de nouveau et on recouvre d'une nouvelle eau propre. Le couvercle et le linge doivent être tenus très propres et changés souvent.

La choucroute rend de grands services dans toutes les campagnes où elle est devenue une des bases de l'alimentation.

C'est un aliment sain, agréable même, facile à faire et très économique ; malheureusement, dans beaucoup de nos campagnes elle n'est encore connue que de nom. Les ménagères qui voudraient en essayer peuvent en faire une petite quantité dans un pot de grès. On la fait avec toutes sortes de choux pommés, en n'employant que la partie interne et blanche de la pomme.

Cet aliment va très bien avec la viande de porc, jambon ou salé ; aussi à côté de chaque saloir devrait-il se trouver le baril à la choucroute.

Façon d'accommoder la choucroute. — Lavez la choucroute à plusieurs eaux et tout d'abord à l'eau tiède ; laissez-la s'égoutter. Mettez-la sur un feu très modéré avec le dixième de son poids de graisse ; mouillez avec bouillon et vin blanc ; ajoutez une gousse d'ail hachée, quelques baies de genièvre et du poivre en grains ; laissez cuire pendant une heure, servez avec saucisson, jambon, petit salé, etc.

FABRICATION DU VINAIGRE DANS LES MÉNAGES

Le petit commerce ne fournissant, en général, que des vinaigres de mauvaise qualité, il est très important de savoir fabriquer son vinaigre soi-même. Cela permet souvent, d'ailleurs, d'utiliser des déchets de vin ou de lie sans valeur, et dût-on acheter le vin pour le transformer en vinaigre, la dépense est la même et le produit est meilleur.

Voici une façon de procéder : prenez un baril de 15 à 30 litres ; placez-le dans un endroit chaud. Faites bouillir un litre de bon vinaigre de vin ; mettez dans le baril, bouchez et remuez dans tous les sens, puis débouchez et laissez reposer deux jours. Ajoutez ensuite tous les deux jours, jusqu'à ce que le baril soit à moitié plein, deux litres de lie de vin, fond de barrique, ou à leur défaut de bon vin légèrement chauffé.

Ayez soin de ne pas boucher hermétiquement pour permettre à l'air de rentrer ; employez pour cela une rondelle de cuir plus large que l'orifice de la bonde, clouée sur un bâton de hêtre qui, pénétrant dans le liquide, sert à l'agiter légèrement pour renouveler les surfaces et permet d'introduire d'autre liquide, sans déranger le voile de mycoderma aceti qui s'est formé, en laissant couler le vin doucement le long de la tige.

Pour obtenir de bon vinaigre, il faut employer un vin bon et généreux. La force du vinaigre est en rapport direct avec la richesse du vin en alcool.

Ayez soin de ne pas percer le tonneau trop bas, car dans ce cas la mère du vinaigre, qui se rassemble dans le fond, viendrait boucher l'orifice du robinet. Quand l'acétification a pris son cours, c'est-à-dire au bout de quinze jours à trois semaines selon la température, on peut monter le baril au grenier, à la condition de le couvrir de vieilles couvertures pendant l'hiver.

MOUTARDE DE TABLE. SA FABRICATION

Prenez de belle graine de moutarde de l'année, vannez-la et passez-la à l'eau pour la débarrasser de la poussière qui y adhère ; laissez-la macérer dans l'eau pendant dix heures, puis broyez-la au moulin ou au mortier jusqu'à ce qu'elle soit en poudre très fine. D'autre part, prenez du bon vinaigre de vin blanc dans lequel vous aurez mis macérer huit jours auparavant quelques clous de girofle, des oignons hachés, un bouquet d'estragon et de persil et quelques gousses d'ail. Passez le vinaigre, ajoutez-y la moitié de son volume de sirop ; chauffez quelques instants et faites avec la farine de moutarde une pâte semi-fluide que vous salerez légèrement. Mettez

en pots et laissez fermenter. Au bout de quelques semaines la fermentation est terminée; si la moutarde est
trop ferme, ajoutez un peu de vinaigre et conservez pour
l'usage. La moutarde faite par ce procédé se conserve
bien.

Les moutardes fines sont faites avec deux tiers de moutarde noire et un tiers de moutarde blanche en poudre
très fine et tamisée, du vinaigre blanc de première
qualité, du verjus ou du moût de raisins. On les aromatise avec des fines herbes, de l'estragon, des aromates,
des anchois, de l'ail, des oignons, des câpres. Quelquefois toutes ces substances, après macération, sont
hachées, écrasées en pâte fine et incorporées à la moutarde. Les moutardes faites avec du verjus sont très fines
de goût mais se conservent mal.

FORMULE DE MOUTARDE FINE

Persil.......................	Une poignée.
Cerfeuil....................	—
Estragon....................	—
Feuilles de laurier.........	—
Céleri......................	Une demi-botte.
Piments.....................	4 têtes.
Ail.........................	—
Cannelle....................	10 grammes.
Sel de cuisine............	250 —

Hachez les plantes et les aromates, mettez-les macérer pendant quinze jours dans 6 litres de bon vinaigre
blanc, passez et ajoutez un litre de sirop de sucre.
Faites ensuite, avec quantité suffisante de belle farine
de moutarde tamisée, une pâte semi-fluide en y ajoutant un verre de bonne huile d'olives.

VIN DE RAISINS SECS

SA FABRICATION

Raisins de Corinthe.........	40 kilogrammes.
Sucre cristallisé............	10 —
Acide tartrique.............	150 grammes.
Tannin....................	50 —

Mettez les raisins de Corinthe dans une barrique couchée et munie d'un robinet garni de paille. Versez dessus deux grandes chaudières d'eau presque bouillante ; laissez en contact 24 heures, soutirez et recommencez trois fois de suite la même opération.

Après le troisième soutirage, les raisins se trouvent épuisés. Réunissez le produit de vos infusions dans une autre barrique. D'autre part, faites dissoudre votre sucre dans une vingtaine de litres d'eau ; faites bouillir la solution quelques instants après y avoir ajouté un peu d'acide tartrique et réunissez au premier liquide. Enfin faites dissoudre le restant de l'acide tartrique et le tannin dans quantité suffisante d'eau, mélangez avec soin à la masse du liquide et complétez le volume de deux hectolitres d'eau.

Le liquide tend à fermenter, mais la fermentation est plus ou moins rapide selon qu'il fait plus ou moins chaud, aussi ne doit-on pas essayer de faire les vins de raisins secs l'hiver, ou alors on a à lutter contre de bien plus grandes difficultés ; dans le courant de l'été, au contraire, la fermentation s'établit rapidement. On aide beaucoup à la rapidité de son action en renouvelant la couche d'air qui remplit le vide de la barrique, en soufflant dedans à l'aide d'un fort soufflet. Au bout de peu de temps, cet air se trouve en partie remplacé par l'acide carbonique provenant de la fermentation ; la richesse du milieu en oxygène diminue, et la fermentation, qui ne s'effectue qu'aux dépens de cet oxygène, se ralentit ; on a donc intérêt à renouveler de temps en temps cette couche d'air. Au bout de quinze jours en général la fermentation est terminée ; on colle alors avec quatre blancs d'œufs et on complète la barrique avec du bon vin de Roussillon chargé en couleur.

Cette formule est une formule type des vins de raisins secs ; mais il est très clair qu'on peut changer les proportions selon les moyens dont on dispose.

Nous venons de voir que le vin est d'autant meilleur que la fermentation s'est mieux faite ; il importe donc d'établir toutes les conditions d'une bonne fermentation. D'abord une chaleur modérée est nécessaire ; c'est ce qui fait qu'en temps de froid on complète la quantité d'eau voulue par des seaux d'eau chaude ajoutés tous les jours. Ensuite l'air est nécessaire au développement des germes de la fermentation ; c'est pourquoi, lorsqu'on n'opère pas dans un tonneau défoncé, qui permet au liquide d'être baigné par l'air sur une grande surface, on renouvelle l'air en l'insufflant à la surface du liquide.

Le sucre que l'on ajoute à la liqueur se transforme en alcool, mais pour subir cette transformation il doit passer par un état intermédiaire où il prend le nom de sucre interverti. Au sein de la liqueur, le sucre se transformerait lentement en cet état et ferait durer longtemps la fermentation, si on n'avait soin de le faire bouillir préalablement avec un peu d'acide tartrique qui opère ce changement immédiatement. Dans ces conditions, la fermentation s'opère rapidement et le produit en est meilleur.

On a reconnu qu'il fallait environ 1750 grammes de sucre pour augmenter d'un degré la force alcoolique d'un hectolitre de vin.

En général, lorsqu'on a fait subir trois infusions aux raisins de Corinthe, on les presse pour obtenir tout le suc qu'ils retiennent et on jette le résidu au fumier ; cependant en ne les pressant pas on peut encore en faire une petite boisson passable en y ajoutant 50 litres d'eau bouillante dans laquelle on a mis fondre un kilo-gramme de sucre et 15 grammes d'acide tartrique.

Si on ne dispose pas de vin de coupage coloré pour augmenter la couleur de ce vin artificiel, on peut le remplacer par une macération de 200 grammes de roses trémières pulvérisées.

REPASSAGE DU LINGE, LUSTRAGE

Pour obtenir de beaux résultats dans le repassage du linge, le polissage des devants, des cols et des manches de chemises, il faut être muni, en outre de la planche à repasser ordinaire, d'un carton glacé ou d'une plan-chette de hêtre bien polie, d'un fer à glacer, lourd, bien poli et à bouts arrondis ; enfin il faut user de pro-cédés convenables.

Trois procédés peuvent être préconisés, se compli-quant de plus en plus, mais donnant aussi des résultats de plus en plus beaux. Le premier peut être employé pour le repassage ordinaire, le second pour le repassage

du linge et des chemises fines, enfin le troisième pour
le glaçage à neuf.

I

Amidon................	2 cuillerées à bouche.
Borax................	1 cuillerée à café.
Blanc de baleine.......	10 grammes.
Eau................	1/2 litre.

Faites dissoudre le borax dans l'eau, ajoutez l'amidon
et faites cuire. Quand la préparation est bouillante,
ajoutez le blanc de baleine divisé en tout petits morceaux, agitez avec soin et retirez du feu.

Passez votre linge dans cet amidon cuit, épurez-le,
c'est-à-dire enroulez-le dans un linge, et laissez-le se
ressuyer. Repassez.

II

Amidon................	2 cuillerées à bouche.
Borax	1 —
Eau	1/2 litre.

Faites dissoudre à froid le borax dans l'eau ; ajoutez
l'amidon et mélangez. Ajoutez encore deux cuillerées à
bouche de la solution suivante :

Gomme adragante.......	2 cuillerées à café.
Eau................	1 litre.

Cette préparation se conservant bien doit être préparée d'avance ou au moins vingt-quatre heures avant
le repassage pour donner à la gomme le temps de se
gonfler et de se dissoudre.

Passez votre linge dans cet amidon cru, frottez-le bien

pour l'en bien pénétrer, épurez-le, laissez-le se ressuyer et repassez par le procédé ordinaire. Posez votre linge repassé et sec sur votre carton à glacer ou votre planchette de hêtre, mouillez-le légèrement et lustrez-le avec des fers modérément chauds et très lisses, en appuyant fortement et en frottant pour ainsi dire avec les bords arrondis du fer.

III

Le glaçage à neuf par le procédé suivant donne au linge, qui reste souple, un poli parfait et un beau brillant. Il est basé sur l'emploi d'un savon à base de blanc de baleine et de glycérine, dit *savon à lustrer*, dont la pharmacie spéciale du Centre-Ouest a le monopole. La façon de procéder est des plus simples. On repasse son linge par les procédés ordinaires à l'amidon et au borax puis on le frotte uniformément avec un petit tampon de linge bien enduit par frottement du savon à lustrer. On repasse avec un fer à lustrer modérément chauffé, sur un carton à glacer. Le résultat est magnifique ; par aucun autre procédé on n'obtient du plus beau linge.

IMPERMÉABILISATION DES VÊTEMENTS

On peut rendre imperméables à l'eau les manteaux, capotes et pèlerines en les trempant à plusieurs reprises et alternativement dans une eau de savon très concentrée et dans une solution d'alun à 20 grammes par litre d'eau.

REPRISE DES ACCROCS

Si vous faites un accroc à votre habit, essayez de la reprise suivante : placez entre la doublure et le drap, en face de la déchirure, une feuille de gutta-percha ; rapprochez les bords avec soin et passez dessus un fer chaud en appuyant fortement. Les deux bords de la déchirure se trouvent alors soudés côte à côte.

CHROMOGRAPHE. SA FABRICATION

Le chromographe est un instrument qui sert à reproduire un grand nombre de fois, par simple contact avec une feuille de papier blanc, l'écriture qu'on y a fixée une première fois par un procédé très simple et avec une encre spéciale.

Le chromographe comprend une masse gélatineuse légèrement élastique et plane, coulée dans un cadre en zinc ou en bois de deux à trois centimètres de profondeur. On ne s'en sert que lorsqu'on a un texte quelconque à reproduire un certain nombre de fois. On écrit donc sur une feuille de papier glacé autant que possible, la lettre, la facture, la circulaire, etc., que l'on veut reproduire un grand nombre de fois, avec une des encres indiquées plus loin. On transporte la feuille, l'écriture en dessous, sur le chromographe et on presse bien avec les mains. On facilite le transport en passant une petite éponge à peine mouillée sur le revers du papier ; on enlève la feuille au bout de quelques instants et toute l'écriture se trouve transportée à l'envers sur l'appareil. On n'a plus qu'à procéder au tirage, en ayant soin de placer les feuilles de papier bien d'équerre sur l'écriture, et de bien les imprimer en les frottant avec les doigts étendus. On nettoie ensuite l'appareil à l'aide d'une éponge imbibée d'eau.

FORMULES D'ENCRES POUR CHROMOGRAPHE

I

Violet de Paris..................	10 grammes.
Eau...........................	30 —

II

Alcool........................	10 grammes.
Eau..........................	70 —
Violet de Paris................	10 —

III

Alcool........................	1 gramme.
Eau..........................	10 —
Acétate de rosaniline..........	2 —

FORMULES DE PATES POUR CHROMOGRAPHE

Gélatine......................	100 grammes.
Dextrine	50 —
Glycérine.....................	380 —
Eau..........................	380 —
Kaolin	50 —

Faites dissoudre la gélatine dans l'eau à chaud ; ajoutez la glycérine, puis le kaolin et la dextrine. Quand la masse est bien homogène, retirez du feu ;

brassez bien jusqu'au moment où le mélange va se prendre en masse et coulez dans une boîte rectangulaire en bois ou en zinc, de deux centimètres environ d'épaisseur.

AUTRE FORMULE

Gélatine	100	grammes.
Dextrine	100	—
Glycérine	1.000	—
Sulfate de baryte	50	—

ÉPONGES

MANIÈRE DE LES BLANCHIR ET DE LES NETTOYER

Les éponges, à l'état brut, ont besoin de subir plusieurs préparations avant de pouvoir être utilisées. Elles contiennent une assez grande quantité de matières calcaires et leurs pores sont souvent pleins de petits graviers. Pour les en débarrasser, on les bat d'abord avec des baguettes ; on les plonge ensuite dans une solution de 100 grammes d'acide chlorhydrique par litre d'eau. L'acide réagit sur le calcaire et en débarrasse les éponges, en formant un sel soluble entraîné par les eaux de lavage. On les rince à grande eau et on les plonge ensuite, pour les dégraisser, dans une solution d'ammoniaque à 5 0/0. On les rince de nouveau et on les fait sécher.

Dans cet état, les éponges sont triées; les moins belles, les moins fines sont livrées au commerce telles que ; les plus fines, destinées à la toilette, ont besoin d'être blanchies préalablement.

Blanchiment des éponges. — On plonge les éponges à blanchir dans une solution de permanganate de potasse à 2 0/0 jusqu'à ce qu'elles soient devenues bien brunes. On les lave avec soin et on les met en contact avec une solution de 10 0/0 d'hyposulfite de soude, aiguisée d'un peu d'acide chlorhydrique. On les y laisse quelques instants et on les rince énergiquement pour les débarrasser du soufre qui s'est précipité à leur surface et dans leurs pores. Il est urgent de faire ce dernier lavage avec précaution, car si le soufre n'était pas tout entraîné, il ne tarderait pas, sous l'action de l'air, à se transformer en acide sulfurique qui attaquerait et désorganiserait les éponges.

Nettoyage des éponges en service. — Lorsque les éponges sont devenues trop crasseuses, on les nettoie en les malaxant quelques instants dans une solution étendue d'ammoniaque. On rince à l'eau claire, on égoutte et on fait sécher.

TREMPE DE L'ACIER

La trempe est une opération que l'on fait subir aux outils d'acier pour augmenter leur dureté. Cette dureté peut devenir suffisante pour que les outils ainsi préparés puissent attaquer les autres métaux et l'acier lui-même.

L'opération de la trempe consiste à porter l'acier à une certaine température et à le refroidir brusquement en le plongeant dans un milieu froid. Si l'acier possédait une composition moléculaire toujours identique et homogène, sa trempe serait chose facile ; mais il n'en est rien ;

au contraire, elle présente d'assez grandes difficultés, en raison des différences notables de composition des diverses sortes d'aciers fournis aujourd'hui par l'industrie. La température, à laquelle ces différents aciers devront être portés pour être trempés uniformément ne peut donc pas être la même pour tous, et pour reconnaître le moment voulu où il doit cesser la chauffe pour obtenir un résultat convenable, l'ouvrier trempeur est obligé de procéder par tâtonnement. Il doit apprendre à connaître son acier et pour cette raison le tirer toujours de la même fabrique. La température à laquelle doit être porté l'acier à tremper doit varier également avec le degré de dureté que l'on veut lui donner, et comme il n'existe pas d'instruments précis pour marquer le but atteint, l'ouvrier doit s'en rapporter à son habileté et à son coup d'œil. C'est cette difficulté qui fait que dans certaines fabriques de coutellerie fine, les bons ouvriers trempeurs sont vraiment cotés.

En général, pour les gros outils, on ne doit pas dépasser la température du rouge brun, et celle du rouge cerise pour les petits outils et les outils à bois.

On prend bien soin de chauffer uniformément l'objet et de le tremper immédiatement, quand il est suffisamment chaud, dans de l'eau froide ou mieux dans un mélange de

Suif..........................	3 parties.
Cire..........................	4 —

Les outils trempés dans ce mélange gras sont tout aussi durs et conservent plus d'élasticité que ceux trempés dans l'eau froide.

Recuit. — Le recuit consiste à porter de nouveau à une

température convenable les objets trempés dès qu'ils se sont refroidis. Il possède l'avantage d'augmenter un peu l'élasticité de l'acier ; il a l'inconvénient de diminuer un peu sa dureté ; mais sans cette précaution l'acier resterait trop cassant pour bien des emplois.

On se base pour arrêter le recuit sur les teintes changeantes prises par l'acier sous l'action de la chaleur. Pour que l'ouvrier puisse être bien fixé sur ces teintes, il faut préalablement nettoyer la surface de l'outil et le polir. Il faut se rappeler dans l'opération du recuit que l'élasticité de l'objet croît avec la température, tandis que sa dureté diminue. Voici maintenant les teintes de recuit que l'on donne habituellement aux outils ci-après :

Les cisailles, les sécateurs, les mèches à métaux et tous les outils qui ont besoin d'une grande dureté sont recuits du jaune au brun.

Les couteaux, les ciseaux, les haches, les couperets et tous les outils qui doivent allier l'élasticité à la dureté sont recuits du brun au pourpre.

Les scies, les épées, les ressorts, les mèches à bois et tous les outils qui demandent plus de souplesse que de dureté sont recuits du bleu clair au bleu très foncé.

ÉTAMAGE

L'étamage consiste à déposer à la surface d'objets métalliques ou autres, une légère couche d'étain pour les préserver de l'oxydation ou les rendre propres au service culinaire. De tout temps, on a reconnu l'innocuité des ustensiles de cuisine en étain, tandis qu'on ne pourrait pas sans danger se servir longtemps des vases de plomb ou même de cuivre ; aussi, depuis longtemps se sert-on de couverts et de vases d'étain ou tout au moins étamés.

Le fer, le cuivre, les alliages de cuivre, le zinc, le plomb et même le verre peuvent s'étamer. Avant d'étamer un objet métallique, il faut le décaper, c'est-à-dire détruire la couche d'oxyde qui le recouvre par l'action chimique d'une eau dite à décaper. Cette eau à décaper est formée de zinc et de sel ammoniac dissous par parties égales dans un peu d'acide chlorhydrique. L'objet bien décapé et bien essuyé, on fait fondre de l'étain fin, exempt de plomb, on projette quelques parcelles de sel ammoniac à sa surface pour empêcher son oxydation, puis on en couvre la surface de l'objet à étamer.

On régularise la couche d'étain et on en fait tomber l'excédent à l'aide d'un tampon d'étoupe. Ce procédé s'emploie spécialement pour l'étamage du cuivre, du laiton et du fer.

On obtient un meilleur résultat par le procédé suivant qui s'applique à tous les métaux. Ce procédé consiste à chauffer l'objet à étamer en présence d'une feuille de zinc dans le bain suivant :

Chlorure d'étain...................	200	grammes.
Potasse caustique.................	400	—
Eau...............................	600	—

ACAJOU. IMITATION

On parvient à donner à la plupart des bois durs une teinte imitant assez bien l'acajou. Pour cela on les frotte d'abord avec une solution étendue d'acide azotique; on les lave ensuite avec une légère solution de cristaux de soude et on laisse sécher ; enfin on leur donne une ou deux couches d'une teinture obtenue avec 50 grammes de sang-dragon dissous par macération dans un litre d'alcool. Lorsque les bois ainsi préparés sont secs, on les vernit à la gomme laque, on ponce et on les polit avec un mandrin de hêtre bouilli dans l'huile de lin.

ÉBÈNE. IMITATION

On imite assez bien l'ébène avec la plupart des bois durs et principalement avec le poirier, le noyer et le merisier, par le procédé suivant : on fait bouillir pendant une heure 100 grammes de bois de campêche dans un litre d'eau ; on passe et on remet sur le feu jusqu'à ce que la décoction se soit évaporée de moitié ; on y ajoute alors dix grammes d'alun. On étend cette teinture à plusieurs reprises sur le bois à l'aide d'un pinceau et on laisse sécher. D'autre part, on fait bouillir pendant deux heures dans un litre de vinaigre :

Sulfate de fer.............	40	grammes.
M. n° 2 { Noix de galle................	35	—
Sulfate d'indigo..........	3	—

On passe ensuite plusieurs couches successives de ce liquide sur le bois déjà mordancé jusqu'à ce qu'il soit suffisamment noir. Quand le bois est tout à fait sec, on lui donne une couche de vernis à la gomme laque, on le passe à la pierre ponce et on le polit avec un morceau de hêtre bouilli dans l'huile de lin qui donne au bois un brillant parfait.

DE LA TEINTURE AU BROU DE NOIX

La teinture au brou de noix est très employée dans l'industrie. Elle peut trouver son emploi dans les ménages pour la teinture en marron des laines filées et tissées. Elle donne aussi aux bois blancs ouvragés une teinte agréable et propre que tout le monde peut appliquer.

Pour obtenir cette teinture, on prend les enveloppes charnues des noix lorsque celles-ci arrivent à leur maturité et s'en détachent. On les met macérer dans quantité suffisante d'eau pour qu'elles en soient recouvertes et on laisse macérer le tout pendant longtemps, un an même, selon les nuances que l'on veut obtenir.

On emploie cette teinture à chaud, après y avoir fait dissoudre dix grammes d'alun par litre. Si on veut obtenir une teinte noire au lieu d'une teinte marron, on y ajoute encore 25 grammes de sulfate de fer par litre.

HUILE POUR L'HORLOGERIE ET LES MACHINES
A COUDRE

Les mouvements des rouages des horloges et pendules doivent être d'une régularité parfaite pour permettre à ces instruments de garder leur précision mathématique. Il est par contre nécessaire de diminuer le frottement de ces rouages, en les lubréfiant par un corps huileux, et d'éviter l'encrassement qui résulte souvent de l'application de mauvaise huile en employant une huile peu ou point siccative. Autrefois on employait pour cela l'huile d'olives à laquelle on faisait subir une longue préparation pour l'obtenir dans les conditions voulues. De nos jours on la remplace avec infiniment d'avantage dans l'horlogerie fine et pour le graissage de petites machines délicates, comme les machines à coudre, par l'huile de vaseline.

Le prix de cette huile n'est pas élevé, lorsqu'on l'achète sous le nom d'huile de vaseline ; mais, baptisée de noms pompeux, elle est souvent vendue fort cher par le commerce.

MASTIC POUR GREFFER

Cire blanche végétale..............	100 grammes.
Poix résine......................	200 —
Cendres tamisées................	50 —

Goudron, quantité suffisante pour amener à la consistance voulue. Ce mastic s'emploie à froid. Il sert à cicatriser les plaies des arbres et surtout celles produites par le greffage ; en même temps il consolide la jeune greffe et l'empêche de se dessécher. Un bon mastic à greffer doit être assez onctueux pour bien adhérer et ne pas se fendiller ; il doit être assez consistant pour ne pas couler sous l'action du soleil ; il doit être assez bon marché pour qu'on ne soit pas tenté de regarder à la dépense et qu'on puisse l'employer copieusement. Une jeune greffe bien préservée par une bonne couche d'un pareil mastic prend rapidement et vient bien.

MASTIC POUR COLLER LES MÉTAUX SUR LE VERRE

Résine............................. 10 grammes.
Cire............................. 2 —
Peroxyde de fer................... 3 —

Faites fondre au bain-marie et mélangez intimement. Ce mastic s'emploie surtout pour fixer les lettres de cuivre sur les devantures.

CIRE A GOUDRONNER LES BOUTEILLES

Poix de Bourgogne................ 600 grammes.
Poix résine...................... 300 —
Suif............................. 100 —

Faites fondre sur un feu doux, en remuant avec une spatule de bois. Avant que la masse ne se soit refroidie, ajoutez-y une matière colorante quelconque, soit minium, noir de fumée ou vert jaune, selon que vous désirez obtenir une cire rouge, noire ou jaune.

Cette dose peut suffire pour goudronner 600 bouteilles.

CIRE A CACHETER

Gomme laque.................... 100 grammes.
Térébenthine de Venise......... 50 —

Faites fondre à une douce chaleur, ajoutez pour colorer quantité suffisante de vermillon, de noir de fumée ou d'indigo, selon que vous désirez obtenir une cire rouge, noire ou bleue.

Coulez dans de petits moules en tôle, ou sur un marbre légèrement chauffé pour rouler à la main.

VERNIS ET ENCAUSTIQUES

VERNIS POUR MEUBLES

M. nº 3
Gomme laque blanche.	200 grammes.
Sandaraque........	80 —
Térébenthine.........	30 —
Verre pilé et tamisé..	150 —
Alcool à 90º..........	900 —

F ites dissoudre au bain-marie. Employez au pinceau.

ENCAUSTIQUE POUR MEUBLES

Cire blanche ou jaune............···	100 grammes.
Essence de térébenthine..........	200 —

Faites dissoudre au bain-marie.

ENCAUSTIQUE POUR PLANCHERS CARRELÉS

Cire jaune...................	150 grammes.
Savon noir...........·.·........	150 —
Crème de tartre................	30 —
Eau............................	1 litre.
Rocou........................	Quantité suffisante.

Faites dissoudre le savon dans l'eau bouillante, ajoutez

la crème de tartre, la cire râpée et quantité suffisante de rocou pour colorer. Remuez bien pour émulsionner. Étendez encore chaud sur les carreaux préalablement bien nettoyés et bien asséchés; attendez deux heures et passez à la brosse.

ENCAUSTIQUE POUR PARQUETS

Savon noir..........................	50 grammes.
Cire jaune..........................	100 —
Carbonate de potasse.............	25 —
Eau................................	1 litre.

Faites dissoudre le savon dans l'eau bouillante, ajoutez en continuant de chauffer la cire râpée et la potasse. Agitez avec soin pour émulsionner la cire, retirez du feu et agitez encore de temps en temps jusqu'à refroidissement. On étend au pinceau sur le plancher, on laisse sécher et on brosse.

VERNIS POUR MÉTAUX

Sandaraque..........................	75 grammes.
Camphre.............................	5 —
Térébenthine........................	125 —
Alcool..............................	1/2 litre.

Faites dissoudre au bain-marie et mettez en bouteilles. Passez deux ou trois couches de ce vernis sur les métaux à préserver de la rouille. Pour les deux premières couches, mélangez au vernis un peu de noir de fumée; passez la dernière couche au vernis pur.

Autre procédé. — Passez au pinceau sur le fer ou l'acier une couche d'une solution chaude de soufre dans l'essence de térébenthine ; laissez sécher et chauffez la surface du métal à l'aide d'une lampe à alcool. Sous l'influence de la chaleur, le soufre s'unit au métal et laisse à sa surface une couche unie et d'un beau noir brillant de sulfure métallique.

Prenez des précautions pour effectuer au bain-marie la solution de soufre dans l'essence de térébenthine, car ce mélange est très inflammable.

VERNIS NOIR DE PUSCHER

Noir d'aniline,......................	20 grammes.
Gomme laque......................	30 —
Acide chlorhydrique...............	16 —
Alcool à 90°......................	450 —

Faites dissoudre le noir d'aniline dans l'acide chlorhydrique et un peu d'alcool ; ajoutez la solution de gomme laque dans le reste de l'alcool.

Ce vernis d'un très beau noir peut s'appliquer sur le bois, les métaux et même le cuir.

VERNIS DES SABOTIERS

Galipot.........................	25 grammes.
Essence de térébenthine.........	100 —
Noir de fumée...................	Quantité suffisante.

Faites fondre au bain-marie ; agitez avec soin.

ENTRETIEN DES VERNIS

Si vous voulez rendre leur brillant aux meubles vernis, frottez-les avec un tampon légèrement imbibé d'un mélange d'huile de lin et d'essence de térébenthine.

COLLES DIVERSES

COLLE MARINE

Huile de naphte brute............	100	grammes.
Caoutchouc....................	8	—
Gomme laque..................	185	—

On met macérer le caoutchouc coupé en petits morceaux dans l'huile de naphte, on agite et on termine la dissolution en chauffant légèrement. On ajoute ensuite la gomme laque pulvérisée et on continue à chauffer avec précaution à feu nu ou mieux au bain-marie pour éviter l'inflammation de l'huile de naphte. Lorsque la dissolution est complète et la masse bien mélangée, on laisse refroidir et on coule en plaques que l'on conserve au sec.

Cette glu, qui est tout à fait précieuse dans la construction des navires, peut rendre de grands services dans beaucoup d'autres circonstances. Elle sert à coller de grosses pièces de bois et l'union est toujours parfaite; les mâts en plusieurs morceaux soudés avec cette préparation offrent une résistance presque aussi grande que les mâts d'une seule pièce. Elle est également très bonne pour coller la pierre, le marbre et la porcelaine. Pour s'en servir, on la fait chauffer jusqu'à ce qu'elle soit liquide et on l'applique chaude sur les surfaces à coller. Comme elle se refroidit très vite et qu'alors elle ne prend plus, il est bon de passer un fer très chaud sur les surfaces à réunir avant de les encoller; on réunit en pressant fortement et on plonge immédiatement dans l'eau froide.

Cette colle devrait trouver de bons emplois dans l'art du charpentier et du menuisier. La préparation en est facile et le prix de revient peu élevé. Il est quelquefois bon de diminuer légèrement la proportion du caoutchouc.

COLLE FORTE POUR LE BOIS ET LES MÉTAUX

Pour coller le bois à la pierre, au marbre ou à un métal, on se sert de la préparation suivante.

On fait bouillir de la colle forte de menuisier avec quantité suffisante d'eau pour la rendre fluide. On l'épaissit alors avec de la sciure de bois très fine et tamisée et on l'emploie avant qu'elle ne se soit refroidie, en ayant soin de chauffer autant que possible les surfaces à coller.

COLLE FORTE LIQUIDE

On choisit de belle colle forte; on la fait dissoudre au bain-marie avec le double de son poids de vinaigre et autant d'alcool; on ajoute quelques pincées d'alun pour la rendre imputrescible et on continue à chauffer en agitant constamment.

Enfin on met en flacons qu'on bouche avec soin et on conserve pour l'usage. On s'en sert à froid.

COLLE DE FARINE

La colle de farine connue de tout le monde tend à se détériorer rapidement. On peut la conserver assez longtemps en y mélangeant un dixième de son poids d'alun ou un peu d'essence de térébenthine.

CIRAGES

CIRAGE POUR HARNAIS ET VOITURES

	Essence de térébenthine.	1 litre.	
	Cire jaune...............	100	grammes.
M. n° 4	Bleu de Prusse..........	100	—
	Indigo........	5	—
	Noir d'ivoire...........	50	—

Faites dissoudre la cire jaune coupée en tout petits morceaux dans l'essence de térébenthine, en exposant le vase sur des cendres chaudes, loin d'un feu trop vif, qui pourrait déterminer l'inflammation de l'essence. D'autre part, broyez ensemble le bleu de Prusse, l'indigo et le noir et mélangez à la solution de cire.

Brassez jusqu'à solidification de la masse.

CIRAGE IMPERMÉABLE POUR CHAUSSURES

Huile de lin......................	500	grammes.
Suif...............................	25	—
Cire..............................	25	—
Térébenthine.....................	25	—

Faites fondre au bain-marie ; laissez refroidir et brassez avec soin.

CIRAGE ANGLAIS

Mélasse	250	grammes.
Noir animal	225	—
Huile d'olives	40	—
Vinaigre	200	—
Acide sulfurique	100	—
Eau	Quantité suffisante.	

Mélangez la mélasse et le noir animal ; ajoutez le vinaigre et l'huile ; brassez pour obtenir une pâte homogène ; versez ensuite l'acide sulfurique par petites portions en brassant toujours. Sous l'action de l'acide, la pâte se dessèche et se boursoufle. Laissez la réaction s'opérer pendant vingt minutes, puis étendez d'eau pour avoir un cirage d'une consistance convenable.

AUTRE

Mélasse	240	grammes.
Noir animal	240	—
Sulfate de fer pulvérisé	40	—
Noix de galle	40	—
Acide chlorhydrique	100	—
Acide sulfurique	100	—
Huile d'olives	100	—
Vinaigre	Quantité suffisante.	

Mélangez le noir animal, la noix de galle et le sulfate de fer à la mélasse ; brassez avec soin. Ajoutez une pe-

tite quantité de vinaigre, puis l'huile ; continuez à brasser. Quand le mélange est homogène, ajoutez les acides
pesés séparément, laissez la réaction s'opérer, puis
étendez d'une quantité suffisante de vinaigre pour obtenir un cirage de la consistance voulue.

ENCRES

ENCRE NOIRE ORDINAIRE

M. nº 5
{
Noix de galle concassées.	80	grammes.
Sulfate de fer............	40	—
Bois de campêche......	6	—
Gomme arabique........	40	—
Essence de lavande......	IV	gouttes.
Eau de pluie filtrée.....	1	litre.

Mettez les noix de galle et le bois de campêche macérer dans quelques litres d'eau pendant deux jours, faites
bouillir ensuite le mélange pendant deux heures, puis
passez à l'étamine ou au tamis. Ajoutez à la décoction le
restant de l'eau dans laquelle vous aurez fait dissoudre
le sulfate de fer et la gomme.

Laissez le tout exposé à l'action de l'air dans une
terrine découverte pendant huit jours au moins en agitant de temps en temps. Mettez en bouteilles en ajoutant 4 gouttes d'essence de lavande et bouchez avec
soin.

Cette formule donne une très bonne préparation prenant sur le papier une belle couleur noire. Les doses ci-
dessus sont susceptibles de supporter une plus forte proportion d'eau et donnent alors une encre plus ordinaire mais meilleur marché.

La plupart des encres noires doivent leur couleur au

tannate de fer provenant de la réaction du tannin de la noix de galle sur un sel de fer. Ce tannate de fer se précipiterait rapidement à la partie inférieure du liquide, si on n'avait soin de l'y tenir en suspension à l'aide d'un mucilage gommeux ou sucré. La gomme et le sucre possèdent encore la propriété de rendre l'encre plus ou moins siccative et brillante lorsqu'elle est sèche. On peut remplacer la noix de galle par toutes les substances chargées en tannin, comme l'écorce de chêne, le sumac, etc., mais les préparations obtenues sont de qualité inférieure. Le bois de campêche n'est pas absolument nécessaire dans les encres, cependant il en avive les couleurs et contribue à donner leur qualité supérieure aux encres de premier choix.

L'action de l'air est aussi nécessaire pour donner à la préparation son plus beau noir; aussi doit-on agir lentement, laisser l'encre exposée à l'air dans une terrine découverte pendant huit à quinze jours et remuer de temps en temps pour favoriser l'oxydation. Enfin on ajoute à l'encre une huile essentielle quelconque pour la préserver de la moisissure qui a des tendances à l'envahir; l'essence de lavande remplit bien cet office.

On a préconisé aussi dans le même but l'emploi du sublimé corrosif, du bi-iodure de mercure, du phénol, etc., mais toutes ces substances ont l'inconvénient d'être dangereuses à manipuler.

ENCRE INOXYDANTE

M. n° 6	Bois de campêche	100 grammes.
	Chromate jaune de potasse.	10 —
	Eau de pluie	1 re.

Faites bouillir pendant deux heures le bois de campêche dans l'eau ; remplacez l'eau qui s'évapore par de l'eau déjà chaude. Au bout de ce temps, passez à l'étamine ou au tamis et faites dissoudre le chromate de potasse dans la décoction.

Cette encre est d'un bleu foncé noir ; elle est très économique, très facile à faire et d'une qualité suffisante.

ENCRE A LA MINUTE

Noix de galle en poudre très fine.	25 grammes.
Sulfate de fer finement pulvérisé.	10 —
Noir de fumée....................	6 —
Gomme arabique pulvérisée......	40 —
Eau de pluie....................	1 litre.

Mélangez intimement les poudres, triturez-les d'abord peu à peu avec un litre d'eau, puis ajoutez le restant de l eau.

On peut se servir de cette encre presque tout de suite, néanmoins il est préférable de la laisser exposée à l'air pendant quelque temps en la remuant souvent ; elle devient alors d'un très beau noir.

ENCRE INDÉLÉBILE NOIRE

On prépare une très bonne encre inaltérable en délayant de l'encre de Chine de bonne qualité dans de l'eau rendue légèrement alcaline par quelques cristaux de soude.

ENCRE INDÉLÉBILE BLEUE

Noir d'aniline	40 grammes.
Acide chlorhydrique	30 —
Alcool	160 —
Gomme arabique	50 —

Eau distillée, quantité suffisante pour 1 litre.

Faites dissoudre le noir d'aniline dans l'alcool et l'acide et ajoutez l'eau tenant la gomme en dissolution.

ENCRE POUR COPIE DE LETTRES

Encre noire ordinaire	1 litre.
Sucre candi pulvérisé	350 grammes.

Mélangez et agitez pour dissoudre.

ENCRE ROUGE

Carmin fin	10 grammes.
Ammoniaque liquide, quantité suffisante pour dissoudre	
Gomme arabique	30 grammes.

Eau distillée, quant. suffisante pour 1 litre.

Faites dissoudre.

AUTRE

M. n° 7	Bois de Brésil	25 grammes.
	Cochenille	1 —
	Gomme arabique	5 —
	Alun	2 gr. 1/2
	Vinaigre blanc	1 quart de verre.
	Eau	1 —

Faites bouillir le bois de Brésil et la cochenille dans l'eau pendant deux heures, remplacez l'eau qui s'évapore, filtrez et ajoutez la solution de gomme et d'alun dans le vinaigre.

ENCRE BLEUE

M. nº 8
{
Bleu de Prusse...	5 grammes.
Acide oxalique.............	1 —
Alun......................	1 —
Eau distillée.............	Quantité suffisante.

Faites dissoudre et ajoutez suffisamment d'eau pour obtenir une couleur convenable.

Cette encre est décomposée par l'encre noire au tannate de fer ; on doit donc éviter d'y tremper des plumes déjà recouvertes d'encre noire.

ENCRES BLEUE, ROUGE, VERTE, VIOLETTE ET JAUNE AVEC LES COULEURS D'ANILINE

Prenez un gramme de bleu, de rouge, de vert, de jaune ou de violet d'aniline, suivant la nuance que vous voulez obtenir ; triturez-le avec 40 gouttes d'alcool à 90° et 50 grammes d'eau distillée.

Laissez en contact pendant quelque temps, puis chauffez légèrement pour évaporer l'alcool. Ajoutez enfin une dissolution de 5 grammes de gomme dans 25 grammes d'eau.

ENCRE A TAMPON POUR TIMBRES EN CAOUTCHOUC

Violet d'aniline..................	2 grammes.
Alcool à 90°....................	25 —
Glycérine......................	25 —

Faites dissoudre le violet d'aniline dans l'alcool et mélangez à la glycérine.

Pour confectionner un tampon, on prend une rondelle de toile cirée, on coud dessus une rondelle de drap très épais et d'un diamètre moitié moins grand. On imbibe légèrement le drap d'un peu d'encre qu'on étend à l'aide d'une petite brosse ou d'un petit mandrin de bois poli.

ENCRE GRASSE A TAMPON

Broyez du bleu de Prusse avec quantité suffisante d'huile de poisson et d'essence de lavande à parties égales.

ENCRE A MARQUER LE LINGE

n° 1
- Carbonate de soude... 10 grammes.
- Gomme............... 10 —
- Eau................. 100 —

Imprégnez de cette solution la place du linge où vous voulez fixer votre marque; séchez à l'aide d'un fer chaud et écrivez les caractères à l'aide d'une plume d'oie avec la solution suivante :

n° 2
- Nitrate d'argent.......... 3 grammes.
- Gomme arabique.......... 3 —
- Eau distillée............. 10 —

ENCENS POUR LES CÉRÉMONIES RELIGIEUSES

Encens........................... 100 grammes.
Benjoin........................... 50   —
Myrrhe........................... 30   —
Storax........................... 20   —
Nitre............................ 20   —
Cascarille 15   —
Sucre............................ 35   —

Pulvérisez et mélangez.

CHAPITRE II

CONSERVES ALIMENTAIRES. — CONFITURES

PROCÉDÉS DE CONSERVATION

L'abondance de quelques denrées alimentaires à certaines époques de l'année, leur rareté dans d'autres, les besoins de la navigation, l'approvisionnement des grands centres et des places fortes, le besoin de se soustraire à une disette possible ont fait de tout temps rechercher les moyens de conserver les substances alimentaires. Ces moyens sont nombreux; quelques-uns sont très faciles à mettre en application ; d'autres, au contraire très compliqués, font partie du domaine de la science et ne sont guère employés qu'en grand dans l'industrie.

Dans la pratique domestique on procède à la conservation des substances alimentaires par :

La dessiccation, qui s'applique à certains fruits, aux légumes, aux champignons, à l'ail et à toutes les plantes ;

La salaison, qui s'applique à toutes les viandes, au

beurre, aux tomates, aux haricots, aux choux, aux poissons, etc. ;

Le fumage ou boucanage, qui s'applique aux viandes salées ;

L'emploi du sucre, qui sert à conserver les fruits. On le mélange avec avantage au sel qui sert à la salaison des viandes ;

L'emploi du vinaigre, dans lequel on conserve les cornichons et différents autres condiments ;

Le procédé Appert, qu'on emploie pour les haricots verts, les petits pois, les tomates, les asperges, les champignons, les viandes, le poisson, etc. ;

Enfin par l'emploi des antiseptiques qui sont à la mode de nos jours, malgré le grand tort qu'ils ont de n'être pas toujours inoffensifs à la santé. Ce sont pour la plupart des produits chimiques qui constituent par leurs émanations et leur dissolution des milieux dans lesquels les microbes, ferments et autres agents de la décomposition ne peuvent pas vivre. Tels sont les acides phénique, salicylique, sulfureux, le bicarbonate de soude, le tannin, l'acétate de soude, les essences, etc.

PROCÉDÉ APPERT

Le procédé de conservation Appert est basé sur le principe suivant : « Toute substance végétale ou animale, soustraite à l'influence de l'air, se conserve en parfait état. » L'air apportant avec lui tous les germes de décomposition, se trouve être, par son contact, le premier facteur de toute transformation des substances qu'il recouvre. Le procédé Appert consiste donc à chasser l'air des récipients hermétiques contenant les substances à conserver. On doit d'abord faire un choix attentif de ces substances, qui doivent être très fraîches et sans tares. On les cuit aux trois quarts ; on les entasse dans des boîtes de fer-blanc ou des flacons de verre ; on les recouvre de leur bouillon de cuisson en ayant soin de laisser un peu de vide et on ferme hermétiquement les vases. Les boîtes en fer-blanc sont soudées avec soin, en laissant cependant un tout petit trou pour laisser échapper l'air surchauffé. Les bouteilles sont bouchées de bouchons de premier choix et ficelées. On dispose les boîtes ou les flacons dans une bassine contenant assez d'eau pour les baigner jusqu'à quelques centimètres de leur orifice. Si on a opéré avec des flacons, on les maintient isolés dans la bassine en les entourant de cordons de foin et on porte sur le feu. On maintient l'ébullition pendant un temps plus ou moins long qui varie selon les substances à conserver et la capacité des flacons. En général, pour les légumes une demi-heure d'ébullition suffit.

Sous l'influence de la chaleur, les ferments des denrées sont détruits ; l'air retenu contre les parois des vases et dans l'intérieur du mélange est expulsé, les molécules du liquide se dilatent et ce dernier vient bientôt occuper tout l'espace resté vide entre lui et le bouchon. A ce moment l'intérieur du récipient est à peu près complètement privé d'air.

Quand les vases ont subi suffisamment l'influence de l'ébullition, on retire les boîtes de fer-blanc du bain-marie et on les ferme définitivement en enfonçant un clou d'étain dans le petit trou resté ouvert. On laisse refroidir les flacons de verre dans le bain-marie, et on les goudronne avec soin quand ils sont froids.

CONSERVES DE TOMATES

Prenez des tomates bien mûres, coupez-les par quartiers, supprimez les parties vertes et mettez-les fondre dans une casserole, sur un feu vif, avec un oignon piqué de deux ou trois clous de girofle, un peu de thym et une feuille de laurier. Remuez avec soin.

Quand elles sont fondues, passez au tamis. Remettez la purée sur le feu et faites encore réduire jusqu'à consistance de bouillie. Versez dans des bouteilles, bouchez avec soin et conservez par le procédé Appert.

Procédé par le sel. — On peut encore les conserver par le procédé suivant : dans le fond de grands pots de grès, déposez une couche de sel, puis une couche de tomates bien mûres et bien essuyées. Recouvrez de sel, tassez bien et alternez ainsi les couches de sel et de tomates en terminant par une couche de sel. Sous l'action du sel, les tomates rendent leur eau et le sel se fondant se transforme en saumure. Il faut que les tomates baignent dans cette saumure un certain temps.

Lorsqu'on veut se servir des tomates ainsi conservées, on les retire de la saumure et on les met dessaler pendant vingt-quatre heures dans de l'eau fraîche.

CONSERVES DE CHAMPIGNONS

Prenez des champignons fraîchement cueillis, épluchez-les et faites-les bouillir quelques minutes dans de l'eau légèrement salée et additionnée d'un petit filet de vinaigre ou mieux d'un peu de jus de citron. Égouttez-les et laissez-les refroidir. Mettez-les dans des boîtes ou des flacons; couvrez-les de leur eau de cuisson ; bouchez avec soin et conservez par le procédé Appert.

CONSERVES DE PETITS POIS

Remplissez des flacons de petits pois fins jusqu'à 4 à 5 centimètres de l'orifice, répandez dans la masse une à deux cuillerées à bouche de sucre finement pulvérisé ; bouchez avec soin et ficelez. Conservez par le procédé Appert, en soumettant à une ébullition d'une heure au moins pour les flacons de 250 grammes et d'une heure et demie pour les flacons d'un demi-litre de contenance.

CONSERVES DE HARICOTS VERTS

Cueillez les haricots lorsque les gousses sont encore très tendres et les graines à peine formées. Parez-les, c'est-à-dire supprimez les deux bouts et les fils, puis jetez-les une minute dans un vase d'eau bouillante légèrement salée. Égouttez et faites sécher sur des claies à l'ombre ; terminez la dessiccation dans un four modérément chauffé et conservez vos haricots en boîtes bien closes dans un endroit sec. Avant de vous en servir, laissez-les tremper quelque temps dans l'eau.

Procédé par le sel. — Prenez comme ci-dessus des haricots fins et parés ; jetez-les une minute dans de

l'eau bouillante et légèrement salée. Retirez-les et
mettez-les tremper un instant dans un vase d'eau fraîche. Après les avoir égouttés, rangez-les avec symétrie
dans des pots ou des bocaux, puis couvrez d'une saumure ainsi préparée :

Sel........................	350 grammes.
Sucre......................	50 —
Eau........................	1 litre.

Versez à la surface de la saumure une légère couche
d'huile d'olives ; bouchez avec soin et conservez pour
l'usage.

CONSERVES D'OSEILLE

Cueillez l'oseille avant les premières gelées ; triez-la
avec soin, en rejetant les plus grosses côtes et les
queues. Jetez-la dans l'eau bouillante ; après quelques
bouillons, retirez-la de l'eau et laissez égoutter.
Remettez-la à sec sur le feu et faites cuire quelques
instants en brassant constamment pour amener votre
oseille en une pulpe homogène ; égouttez de nouveau.
Mettez en pots non vernissés ou mieux en bouteilles à
larges goulots et de moyenne grandeur ; tassez bien et
laissez refroidir. Recouvrez alors d'une couche de
beurre fondu ou mieux de bonne huile d'olives.

Lorsqu'on veut prendre une provision d'oseille, on
fait égoutter l'huile et on enlève l'oseille par couches
superficielles ; on tasse encore avec soin ce qui reste
et on remet une nouvelle couche d'huile.

On doit éviter de préparer les conserves d'oseille dans

des vases en cuivre et de les conserver dans des vases en faïence vernissée, car l'acide de l'oseille attaquant le cuivre et le plomb du vernis, formerait des sels nuisibles à la santé.

On peut encore se procurer de l'oseille verte pendant l'hiver, en préservant les plates-bandes d'oseille des rigueurs de la saison par des paillassons ou une couche de paille longue. Sous ce couvert, l'oseille continue à végéter, mais néanmoins ses pousses ne sont pas abondantes.

CONSERVES DE CORNICHONS

Choisissez vos cornichons petits et moyens ; coupez les bouts, lavez-les et laissez sécher. Mettez-les dans un saladier avec une bonne quantité de sel, laissez-les macérer pendant deux jours en remuant de temps en temps. Egouttez ensuite le jus que le sel a fait rendre et mettez vos cornichons, tels que, dans de grands bocaux à large ouverture. Epluchez gousses d'ail, échalottes, ciboules, de chacune une demi-douzaine par livre de cornichons ; ajoutez un bouquet de persil, un peu de poivre en grains, mélangez à vos cornichons et recouvrez de bon vinaigre blanc.

CONSERVES DE CAPUCINES

Aromatisez de bon vinaigre blanc avec estragon, persil, clous de girofle, fleurs de sureau, ail, échalottes, poivre en grains et sel. Mettez-y macérer des boutons et des fleurs de capucines à peine épanouies au fur et à mesure de leur récolte. Conservez pour l'usage.

Les boutons de capucines ainsi préparés sont employés pour remplacer les câpres.

CONSERVATION DES CITRONS

Tamisez du sable fin de rivière ; faites-le sécher au four. D'autre part, prenez une caisse bien close et encaustiquée sur les joints, déposez une couche de sable sec dans le fond, puis une couche peu serrée de citrons enveloppés d'un papier de soie et déposés sur le bout où s'attachait la queue. Couvrez de sable et continuez à alterner les couches de citrons et de sable. Terminez par une couche de sable recouverte d'une feuille de ouate et du couvercle de la boîte.

CONSERVES D'ASPERGES

Faites cuire à moitié de belles asperges, rangez-les avec symétrie, la tête en haut, dans des bocaux à large ouverture. Couvrez-les d'une solution de deux poignées de sel par litre d'eau, en ayant soin que l'eau salée dépasse les têtes d'asperges de quelques centimètres ; versez à la surface de l'eau une légère couche d'huile pour intercepter l'air ; bouchez avec de bons bouchons et goudronnez sans renverser les bocaux.

Avant de servir ces asperges, faites-les dessaler pendant quelque temps dans un peu d'eau tiède.

CONSERVATION DES ŒUFS

Faites des provisions d'œufs bien frais vers la fin de l'été et conservez-les pour l'hiver dans le liquide suivant :

Chaux................................	230	grammes.
Crème de tartre ....,,,	50	—
Eau	20	litres.

Déposez le récipient à la cave et évitez de le remuer. Retirez les œufs avec précaution.

CONSERVATION DES RAISINS

La conservation des raisins est pratiquée en grand par les gens qui font le métier d'approvisionner les grands centres pendant tout l'hiver de ce dessert délicieux. D'ailleurs, le métier est des plus rémunérateurs.

La conservation ménagère des raisins est très facile et très peu dispendieuse. Elle ne demande qu'un peu de soin, un peu de patience et une légère dépense, mais combien cette dépense et ces soins sont bien payés par le plaisir de pouvoir mettre encore sur sa table une belle grappe délicieuse et dorée au printemps.

Parmi les nombreux procédés préconisés pour conserver les raisins, en voici deux qui donnent de bons résultats.

Ayez à votre disposition une chambre non habitée, munie de contrevents pour la tenir constamment dans l'obscurité, facile à aérer, mais néanmoins sèche et à l'abri de la gelée ; ou même un simple placard que vous aérerez en y pratiquant quelques ouvertures dans le haut et dans le bas. Le long des murs, clouez des traverses munies d'entailles, dans lesquelles puissent entrer les cols de bouteilles de 125 grammes, qui devront y rester retenues par leur rebord. Contentez-vous même si vous voulez d'y planter des pointes et d'y fixer les fioles par une petite cordelette. Remplissez toutes ces fioles d'eau.

D'autre part, attendez la parfaite maturité des raisins et coupez la tige qui les porte, en ayant soin de conserver trois yeux sous la grappe et deux au-dessus. Enlevez les feuilles, débarrassez les raisins des grains pourris ou meurtris et plongez le bout inférieur des sarments dans chaque fiole. Préservez votre chambre ou votre placard de l'humidité, de la lumière et de la gelée et vous conserverez des raisins jusqu'au mois de mai.

Autre procédé. — Cueillez les raisins les plus mûrs et les plus beaux, débarrassez-les avec soin avec la pointe des ciseaux de toutes les graines imparfaitement mûres, attaquées, pourries ou meurtries ; laissez-les bien s'essorer au soleil.

D'autre part, procurez-vous une boîte bien jointe et du son bien sec passé au four, ou même de la poudre de liège, résidu des fabriques de bouchons, vendue bon marché. Mettez-en une couche dans le fond de votre boîte, puis une couche peu serrée de raisins, et alternez de la sorte les couches de liège et de raisins jusqu'à ce que la boîte soit pleine. Terminez par une épaisse couche de liège ou de son, et conservez la boîte dans un appartement sec et aéré.

On obtient des produits bien plus beaux et de meilleure conservation lorsqu'on a soin, au moment où les raisins sont encore en voie de formation, de débarrasser les grappes de toutes les petites graines mal venues ou trop serrées. Il en reste moins, mais elles deviennent plus grosses et le raisin étant moins compact se conserve mieux.

Cette petite opération demande une main légère, habile à manier de fins ciseaux, et si la maîtresse de maison a l'heureux privilège de posséder une jeune fille déjà grandelette, elle ne saurait trop développer chez elle l'amour de tous ces petits soins intéressants qui, l'habitude aidant, feront d'elle un jour une ménagère pleine de mérites et de qualités.

CONFITURES DE GROSEILLES DITES DE BAR

La ville de Bar-le-Duc s'est fait une réputation avec ses confitures de groseilles, faites d'après le procédé suivant.

On prend de belles groseilles à grappes blanches ou rouges un peu avant leur maturité. On les égrappe et on retire avec soin les pépins de chaque grain, à l'aide d'une plume d'oie taillée en une pointe très effilée. C'est là la partie délicate de l'opération, car il s'agit d'enlever les pépins sans détériorer le fruit en les retirant par une légère ouverture faite du côté de la queue; il faut donc agir avec beaucoup de précaution.

Une fois les groseilles ainsi préparées, on les pèse; par chaque kilogramme de fruit, on prend un kilogramme et demi de sucre bien raffiné qu'on met fondre avec la moitié de son poids d'eau. On porte à l'ébullition et on clarifie avec deux blancs d'œufs battus dans un verre d'eau ; on enlève l'écume formée et on laisse cuire.

Lorsque le sirop est cuit au petit boulé, c'est-à-dire lorsqu'après avoir soufflé à travers les trous de l'écumoire trempé dans le sirop il se forme des sortes de bulles par derrière, on verse les groseilles dedans, on laisse donner un bouillon et on retire du feu.

On verse ces confitures dans de tout petits pots en verre ; on les laisse reposer quinze jours dans un endroit sec sans les couvrir ; on recouvre leur surface d'un papier blanc imbibé d'eau-de-vie ; on ferme les pots d'un double papier fortement serré et on conserve au sec.

GELÉE DE GROSEILLES

On prend des groseilles avant leur entière maturité et on les égrappe. On leur ajoute un quart de leur poids de framboises bien mûres, et on met le tout dans une bassine de cuivre non étamée, car l'étain communique aux sucs de fruits une couleur violette désagréable. On ajoute un égal poids de sucre bien blanc et cassé en très petits morceaux et on fait fondre en agitant doucement, d'abord sur un feu modéré, qu'on accélère ensuite. On donne un bon bouillon et on passe à travers un linge peu serré. On laisse égoutter et on met en pots. Ces pots mis dans un endroit sec et aéré, doivent rester deux jours sans être couverts ; on met ensuite sur la gelée des rondelles de papier blanc imbibées d'eau-de-vie, on couvre les pots et on conserve pour l'usage.

CONFITURES DE FRAISES

Prenez les fraises les plus belles et les plus aromatiques que vous pourrez trouver ; mondez-les de leurs queues. Prenez un poids de sucre égal à celui des fraises et faites-le cuire avec la moitié de son poids d'eau au soufflé, c'est-à-dire jusqu'à ce qu'il se forme de petites bulles cristallines de sirop derrière les trous de l'écumoire, lorsqu'on souffle fortement dessus. A ce moment mettez avec précaution vos fraises dans le sirop, laissez-les cuire dix à quinze minutes, puis retirez-les et disposez-les dans vos pots. Continuez à cuire jusqu'au soufflé votre sirop décuit par les fraises, retirez du feu et versez dans vos pots sur vos fraises.

Conservez toujours quelque temps au sec, avant de placer les rondelles de papier mouillées d'eau-de-vie et de couvrir les pots.

CONFITURES DE FRAMBOISES

Les confitures de framboises se préparent exactement comme les confitures de fraises.

CONFITURES DE COINGS

Essuyez fortement les coings avec un linge de toile, pour bien les débarrasser de leur duvet ; coupez-les en quatre et enlevez toute la partie interne, dure et coriace qui contient les graines. Mettez aussitôt les quartiers dans un vase rempli d'eau, d'abord pour empêcher leur oxydation à l'air, puis ensuite pour les nettoyer plus complètement. Quand tous les coings sont essuyés, coupés et nettoyés, égouttez-les et mettez-les dans une casserole de cuivre, non étamée s'il est possible, avec juste assez d'eau pour les couvrir, après les avoir tassés. Mettez sur un bon feu, portez à l'ébullition et laissez cuire jusqu'à ce qu'on puisse traverser facilement les coings avec une brochette. Retirez du feu et passez à une passoire très fine. Pesez le jus et mettez-le cuire avec son poids de sucre bien blanc. Au moment où le sirop est bouillant, ajoutez les quartiers de coings et laissez cuire. Lorsque le sirop est suffisamment concentré, retirez du feu, égouttez les quartiers et mettez-les en pots avec assez de gelée pour les couvrir; s'il reste de la gelée, mettez-la dans des pots à part.

Pour se rendre compte de la bonne cuisson de ces confitures, il faut en faire tomber de temps en temps quelques gouttes sur une assiette froide et hâter le refroidissement en portant à l'air ou en soufflant dessus; le degré de fermeté de cette goutte refroidie indique celui de la gelée. D'ailleurs cette dernière doit former la nappe sur le tranchant de l'écumoire que l'on a plongée dans le liquide et que l'on tient inclinée. On laisse encore en repos quelques jours avant de couvrir.

GELÉE DE COINGS

Pour faire de la gelée de coings, on procède comme pour les confitures; seulement on fait cuire un peu plus longtemps les quartiers de coings dans l'eau pure. On passe ; on garde les coings pour en faire de la compote et on fait cuire le jus avec un poids égal de sucre bien blanc jusqu'à consistance voulue. On met en pots comme ci-dessus.

CONFITURES D'ABRICOTS

On prend les abricots un peu avant leur complète maturité, on leur enlève leurs noyaux, sans toutefois les diviser en deux, puis on les pèse. Par chaque kilogramme de fruits, on prend 1200 grammes de sucre qu'on fait fondre dans une bassine de cuivre ou une casserole émaillée avec deux verres d'eau. On pousse la cuisson jusqu'à ce qu'elle ait dépassé la cuite du soufflé, c'est-à-dire jusqu'à ce que les bulles de sirop s'envolent, en soufflant à travers les trous de la passoire. On met alors les abricots dans la bassine et on laisse cuire en ayant soin de les retourner jusqu'à ce qu'ils soient devenus comme transparents. A ce moment on retire la bassine du feu, on enlève délicatement les abricots et on les range dans les pots, en ayant soin de ne pas trop en mettre, car ils gonflent beaucoup lorsqu'ils sont recouverts de sirop.

On replace ensuite le sirop décuit sur le feu et on le ramène à la cuite ci-dessus indiquée ; on retire du feu. On jette dans le sirop le tiers des amandes d'abricots préalablement mondées et on en remplit les pots.

GELÉE D'ABRICOTS

On procède exactement comme pour les confitures. Au moment de mettre en pots, on ajoute la moitié des amandes mondées au lieu du tiers et on conserve les abricots pour faire de la marmelade.

MARMELADE D'ABRICOTS

La marmelade d'abricots est moins décorative, moins présentable que la confiture, mais elle est d'un débit plus commode. Pour l'obtenir, on prend des abricots parfaitement mûrs, on les fend par quartiers, on les débarrasse de leurs noyaux et on les met fondre avec leur poids de sucre écrasé en poudre grossière. On garde ainsi quelque temps avant de mettre sur le feu, en ayant soin de brasser de temps en temps, puis on fait cuire à un feu modéré. Quand le mélange est sur le point de bouillir, on y ajoute le tiers des amandes des noyaux préablement mondées, on laisse donner quelques bouillons, on retire du feu et on met en pots.

CHAPITRE III

SIROPS. — LIQUEURS. — BOISSONS ÉCONO-MIQUES

MOUILLAGE DE L'ALCOOL POUR L'OBTENIR A QUELQUES TITRES USITÉS

L'alcool qui rentre dans certaines préparations, comme l'eau de Cologne, l'alcool de menthe, le cassis, l'eau de coings, n'y rentre pas toujours au même degré. Ainsi on emploie l'alcool à 85° pour l'eau de Cologne, et l'alcool à 32° pour l'eau de coings ; or dans le commerce on achète en général l'alcool à 90° ; il est donc bon de savoir le ramener au titre voulu en le mélangeant à des proportions convenables d'eau pure.

Voici un tableau indiquant les différentes quantités d'eau qu'il faut ajouter à l'alcool commercial, c'est-à-dire à l'alcool à 90°, pour le ramener aux degrés généralement employés.

TITRE A OBTENIR : 85°

Alcool à 90°...................... ...	925 grammes.
Eau..............................,,...	75 —

TITRE A OBTENIR : 60°

Alcool à 90°...................... 610 grammes.
Eau.............................. 330   —

TITRE A OBTENIR : 30°

Alcool à 90°...................... 290 grammes.
Eau.............................. 710   —

SIROP SIMPLE

Le sirop simple ne comporte que de l'eau et du sucre. Il doit être assez cuit pour ne pas fermenter, il doit l'être assez peu pour ne pas laisser déposer de cristaux. Dans les laboratoires on l'amène à une consistance toujours identique, c'est-à-dire à une densité de 1,260 ; dans les ménages, où on ne peut pas avoir recours au densimètre, on arrive à peu près au même résultat en prenant les proportions suivantes de sucre et d'eau :

Eau.............................. 1000 grammes.
Sucre............................ 1900   —

Pour obtenir un sirop plus clair, on le clarifie au blanc d'œuf ; on bat donc un blanc d'œuf avec une petite partie de l'eau avant de la verser sur le sucre. On porte à l'ébullition, on écume et on passe à travers une étamine.

Le sirop simple comporte beaucoup d'applications ; il sert à faire des sirops composés par simple adjonction de substances dissoutes dans un véhicule approprié ; il sert surtout à sucrer les liqueurs.

SIROP DE GOMME

Gomme du Sénégal.............	200 grammes.
Eau.....................	1 litre.
Sucre blanc...............	1550 grammes.

On lave la gomme pendant quelques secondes, on l'égoutte et on la fait dissoudre dans la quantité d'eau prescrite, à froid et en agitant de temps en temps. Quand la gomme est fondue, on ajoute le sucre, on fait dissoudre au bain-marie et on passe.

SIROP D'ORGEAT

Amandes douces................	100 grammes.
Amandes amères................	40 —
Sucre....................	800 —
Eau.....................	400 —
Eau de fleurs d'oranger..........	50 —
Gomme adragante...............	0 gr. 40 centigr.

On fait bouillir de l'eau, on y jette les amandes et on laisse refroidir. Au bout de quelques minutes les amandes sont faciles à débarrasser de leurs pellicules ; on les monde et on les met tremper dans un peu d'eau froide. On les égoutte ensuite et on les écrase en une pâte fine dans un mortier avec une partie du sucre et une toute petite quantité d'eau. Quand la pâte est bien fine, on la délaye avec le restant de l'eau et on passe à travers un linge de toile fine en pressant le résidu.

D'autre part, on fait une émulsion avec la gomme adra-

gante, un peu de sucre et une partie du liquide filtré
en battant vivement et longtemps ; on réunit au premier
liquide, on ajoute le restant du sucre et on fait dissoudre
au bain-marie à une très douce chaleur. Quand tout le
sucre est fondu, on retire du feu, on passe, on laisse
refroidir et on aromatise avec l'eau de fleurs d'oranger.

SIROP DE LIMON OU DE CITRON

Acide citrique.......................... 12 grammes.
Alcoolature de citrons................. 15   —
Sirop de sucre...................... 1 litre.

Faites dissoudre l'acide citrique dans un peu d'eau et
ajoutez au sirop, aromatisez avec l'alcoolature de citron
et mélangez.

Ce sirop est très agréable et très rafraîchissant.

L'alcoolature de citron se prépare en laissant macérer
dix jours une partie en poids de zestes ou écorces fraîches de citrons, avec deux parties d'alcool à 80°.

SIROP DE CAFÉ

Café torréfié et moulu............. 75 grammes.
Eau bouillante...................... 1/3 de litre.
Sirop de sucre...................... 1 litre.

Portez le sirop à l'ébullition et faites-le réduire d'un
tiers. D'autre part, faites une infusion concentrée avec le
café prescrit et suffisante quantité d'eau bouillante pour
retirer un tiers de litre d'infusion. Réunissez cette infusion au sirop réduit, mélangez et mettez en bouteilles

On peut augmenter ou diminuer la dose du café ; on peut même, dans un but d'économie, remplacer le café frais par le double de son poids de café déjà épuisé ; mais alors le produit obtenu n'est pas parfait.

SIROPS DE GROSEILLES, DE FRAMBOISES ET DE COINGS

Les sirops s'obtiennent en faisant dissoudre au bain-marie 1750 grammes de sucre blanc dans un litre de suc de groseilles, de framboises ou de coings obtenu comme ci-après.

SUC DE GROSEILLES

Groseilles......................	1000	grammes.
Framboises......................	150	—
Cerises aigres..................	100	—
Cerises noires pour colorer.....	50	—

Écrasez les groseilles, les framboises et les cerises sur un tamis pour séparer les rafles ; recueillez le jus et portez-le à la cave dans un endroit frais. Au bout de vingt-quatre heures, il se sera formé à la surface une croûte épaisse et mucilagineuse recouvrant le suc proprement dit ; divisez cette croûte à l'aide d'un morceau de bois et jetez le tout sur un blanchet ou sur un linge très serré. Recueillez le suc et convertissez-le en sirop comme ci-dessus ou conservez-le par le procédé Appert en bouteilles bien bouchées et ficelées.

Les proportions de framboises et de cerises indiquées

plus haut peuvent varier sans inconvénient ; on peut
même n'en pas mettre ; mais alors le produit est de moins
bonne qualité.

Le sirop de groseilles, ainsi que tous les sirops de sucs
de fruits, doit être préparé dans des vases de fer
émaillés, de faïence ou de verre, le cuivre donnant au
sirop un goût légèrement désagréable et les vases étamés
altérant sa couleur.

SUC DE FRAMBOISES

Framboises,.....................	1000 grammes.
Cerises aigres...................	100 —

Procédez comme pour le suc de groseilles. Convertissez
en sirop ou conservez par le procédé Appert.

SUCS DE COING

Prenez les coings un peu avant leur maturité ; essuyez-
les fortement pour les débarrasser de leur duvet ; râpez-
les ; mélangez la pulpe de paille de seigle bien propre et
hachée menu et soumettez à la presse. Recueillez le suc
et laissez-le reposer 24 à 48 heures. Filtrez et conservez
par le procédé Appert ce que vous ne voudrez pas con-
vertir de suite en sirop.

SIROP DE VINAIGRE FRAMBOISÉ

Vinaigre framboisé...............	400 grammes.
Sucre blanc......................	800 —

Faites dissoudre à une douce chaleur dans un vase de faïence ou de fer émaillé.

VINAIGRE FRAMBOISÉ

Remplissez quelques bocaux de petites dimensions de framboises bien mûres ; couvrez de bon vinaigre de vin et laissez macérer un mois. Soutirez, filtrez et transformez en sirop.

Le vinaigre framboisé peut se conserver sans préparation en bouteilles bien bouchées.

PUNCH AU RHUM

Placez au fond d'une coupe à punch un demi-citron coupé en tranches ou 10 grammes de saccharure de citron ; ajoutez-y 250 grammes de sucre en petits morceaux et un demi-litre de thé bien chaud. Versez par-dessus un demi-litre de bon rhum, assez doucement pour qu'il ne se mélange pas à l'infusion sucrée ; attendez un peu qu'il se soit échauffé au contact du thé et enflammez. Laissez brûler sans remuer, mélangez et servez.

Les punchs au cognac et au kirsch se font de la même façon.

SIROP DE PUNCH

Sirop de sucre......................	600	grammes.
Alcool à 90°.......................	400	—
Rhum	300	—

Thé vert..... .... 5 grammes.
Saccharure de citron............. 20   —

Portez le sirop à l'ébullition et faites-le réduire d'un quart; retirez du feu et ajoutez, lorsqu'il est à moitié froid, le rhum et l'alcool.

D'autre part, faites une tasse d'infusion avec les 5 grammes de thé, laissez-la refroidir, faites-y dissoudre le saccharure du citron et mélangez au sirop, mettez en bouteilles.

Avec ce sirop on obtient immédiatement un punch tout aromatisé en l'étendant d'un égal volume d'eau bouillante.

CERISES A L'EAU-DE-VIE

Choisissez de belles cerises ou de belles guignes; coupez-leur la queue à moitié de sa longueur, passez-les dans un peu d'eau froide et égouttez-les. Placez-les dans des bocaux à large ouverture, couvrez-les d'alcool à 60° et ajoutez un nouet de girofle, muscade et vanille. Bouchez et laissez macérer deux mois. Au bout de ce temps, retirez le nouet, égouttez le jus alcoolique des cerises et mélangez-y par litre un sirop fait avec 250 grammes de sucre et un demi-litre d'eau. Versez le mélange sur les cerises, bouchez et conservez.

RAISINS A L'EAU-DE-VIE

Choisissez de belles grappes de chasselas ou de muscat avant leur entière maturité; détachez les plus belles graines à l'aide de ciseaux pointus ; piquez-les avec une épingle et placez-les dans un bocal.

D'autre part, écrasez le surplus des grappes, passez et recueillez le jus et par 100 grammes de suc ajoutez :

Eau-de-vie.....................	400 grammes.
Sucre........................	300 —

Faites un sirop, laissez refroidir et versez sur vos graines triées. Remplissez les bocaux, bouchez et conservez.

CASSIS

Prenez des cassis mondés de leurs rafles ; mettez-les dans des bouteilles sans les écraser et couvrez-les d'alcool bien rectifié, à 60°. Filtrez alors et étendez de sirop de sucre jusqu'à ce que la liqueur soit suffisamment adoucie. Laissez vieillir avant de consommer.

Lorsqu'on emploie de très bon alcool, on obtient un excellent produit par ce procédé.

Autre procédé. — Prenez :

Cassis mondés.....................	500 grammes.
Eau-de-vie........................	1 litre.
Sucre............................	200 grammes.
Muscades concassées	1 —
Girofles —	1 —

Écrasez les cassis et mettez-les macérer avec l'eau-de-vie, le sucre et les aromates pendant un mois. Filtrez et mettez en bouteilles.

Quelques personnes y ajoutent des framboises.

BROU DE NOIX

Prenez des noix récemment nouées, c'est-à-dire aux deux tiers de leur grosseur naturelle, se laissant facilement traverser par une aiguille à tricoter. Coupez-les par quartiers; mettez-les dans un bocal avec un nouet de muscade, girofle et cannelle; couvrez d'eau-de-vie et laissez macérer trois mois. Filtrez, et par chaque litre de liquide ajoutez 200 grammes de sucre. Laissez dissoudre, mettez en bouteilles et laissez vieillir au moins deux ans avant de consommer.

Excellent stomachique.

EAU DE COINGS

Préparez du suc de coings comme pour le sirop et opérez ainsi qu'il suit. Prenez :

	Suc de coings......................	1	litre.
	Eau-de-vie ou mieux alcool à 30°......	1/2	—
	Sucre pulvérisé......................	400	grammes.
M. n° 9	Cannelle...........................	4	—
	Coriandre..........................	3	—
	Macis..............................	1	—
	Girofle	4	boutons.
	Amandes amères............	n° 5	

Mélangez toutes ces substances et laissez macérer quinze jours. On peut supprimer ou diminuer les aromates, diminuer ou augmenter l'alcool, mais toujours on doit se servir d'eau-de-vie de bonne qualité ou d'alcool bien rectifié. Ce ratafia prend beaucoup de qualité en vieillissant ; c'est un excellent stomachique.

PRUNELLINE

Récoltez les prunelles, fruits de l'épine noire, au moment où elles arrivent à maturité. Mélangez-les de terre humide ; entassez-les dans une caisse ou un vieux pot et laissez leur pulpe se désagréger au contact de la terre.

Au bout d'un mois, retirez les noyaux et nettoyez-les jusqu'à ce qu'ils ne retiennent plus ni terre ni pulpe. Brisez-les et mettez-les macérer dans le double de leur volume d'alcool à 60°. Laissez en contact pendant deux mois ; au bout de ce temps, filtrez et additionnez de quantité suffisante de sirop de sucre.

CRÈME DE CACAO

Cacao caraque torréfié et concassé	125 grammes.
Vanille coupée......................	0 gr. 50 centigr.
Alcool à 60°........................	1 litre.

Laissez macérer quinze jours et passez. Versez sur le résidu :

Eau bouillante..................	250 grammes.

Laissez refroidir ; filtrez et faites dissoudre dans l'infusion :

Sucre blanc......................	300 grammes.

Mélangez le sirop au liquide alcoolique.

La liqueur obtenue par ce procédé est tout à fait supérieure. On peut diminuer les doses ci-dessus et obtenir encore un produit passable.

CURAÇAO

M. nº 10
- Ecorces d'oranges amères... ...   50 grammes.
- Girofle...........................   1   —
- Cannelle   1   —
- Bois de Fernambouc...........   5   —
- Eau-de-vie ....   1 litre.

Mélangez, laissez macérer huit jours, filtrez et ajoutez un tiers de litre de sirop de sucre.

BITTER

Ecorces d'oranges amères........   50 grammes.
Zeste d'orange fraîche.............   nº 1
Zeste de citron frais.............   nº 1
Alcool à 60º.......................   5 litres.

Laissez infuser deux mois et filtrez.

VESPETRO

Semences d'angélique ....   20 grammes.
—   de coriandre   20   —
—   d'anis................   3   —
—   de fenouil............   3   —
Alcool à 60º......................   550   —
Sirop de sucre....................   250   —

Eau, quantité suffisante pour 1 litre de produit.

Laissez macérer les semences dans l'alcool pendant 10 jours ; filtrez et ajoutez le sirop et l'eau.

Liqueur stomachique et carminative très agréable et très utile dans les digestions lentes, contre les flatuosités.

CORDIAL DIGESTIF

Racines d'angélique.................	5 grammes.			
Semences d'angélique...............	15	—		
Noix muscades.....................	0 gr. 15 centigr.			
Cannelle	0	—	15	—
Girofle...........................	0	—	15	—
Vanille...........................	0	—	15	—
Safran	0	—	15	—
Myrrhe	0	—	50	—
Aloès.............................	0	—	25	—
Alcool à 60°.......................	2/3 de litre.			
Sirop de sucre.....................	1/3	—		

Laissez macérer les poudres 48 heures dans l'alcool ; agitez de temps en temps ; filtrez et ajoutez le sirop de sucre.

ANISETTE

Essence d'anis.....................	1 gramme.		
— de badiane.................	4	—	
— de fenouil.................	1	—	
— de coriandre...............	3	—	
Alcool à 90°.......................	2 litres	1/2	
Sirop de sucre.....................	3	—	1/2

Faites dissoudre les essences dans l'alcool en agitant vivement. Laissez vieillir trois mois et ajoutez le sirop de sucre.

Pour obtenir de bons résultats dans la fabrication des liqueurs par les essences, il est bon d'employer des essences fraîches et de premier choix et de les conserver longtemps en dissolution dans l'alcool avant de sucrer et de livrer à la consommation. Ainsi, une anisette faite avec un alcoolat de deux ans sera beaucoup plus fine que si elle a été faite avec un alcoolat de deux mois.

ABSINTHE

Essence de grande absinthe........	3	grammes.
— d'anis....................	6	—
— de badiane...............	6	—
— de fenouil...............	2	—
— de coriandre.............	1	—
Alcool à 90°......................	6	litres.
Eau...............................	4	—

Mélangez les essences à l'alcool, laissez vieillir, puis ajoutez l'eau. On colore en ajoutant à l'alcoolat quelques feuilles sèches d'orties.

CRÈME DE MENTHE

Essence de menthe anglaise......	5	grammes.
Alcool à 90°......................	3	litres.
Sirop de sucre...................	5	—
Eau, quantité suffisante pour compléter......................	10	—

Dissolvez l'essence dans l'alcool, laissez vieillir, puis mélangez au sirop et à l'eau.

ALCOOL DE MENTHE

Essence de menthe.................   2 grammes.
Alcool à 90°.......................   98   —

Mélangez. Laissez vieillir longtemps. Digestif, carminatif, stimulant à la dose de quelques gouttes dans un peu d'eau sucrée.

VIN DE MARC, VIN DE SUCRE

Autrefois on utilisait les marcs de raisins en les pressant pour obtenir le vin dit de pressoir et en les distillant pour obtenir l'eau-de-vie de marc. De nos jours, beaucoup de personnes trouvent plus avantageux d'en faire des vins de seconde et même de troisième cuvée, dits vins de sucre.

Vin de sucre. — Une fois le vin de gouttes soutiré, il reste la grappe, qui retient encore une certaine quantité de vin et de matières fermentescibles. En ajoutant sur ce marc une solution de sucre, on obtient un mélange presque identique au moût du raisin lui-même ; il y manque, il est vrai, une grande partie de la couleur qui a été presque toute dissoute par la première fermentation ; il y manque une grande partie des sels nécessaires à la conservation des vins et au développement de leur bouquet, mais on les y ajoute artificiellement. La matière sucrée du raisin est remplacée par la matière sucrée de la betterave, mais la fermentation de ces deux matières donne naissance au même produit, l'alcool.

En résumé, on peut obtenir un produit très passable en soumettant le marc égoutté du vin à une nouvelle fermentation, en présence d'une solution de sucre. Voici la manière d'opérer :

Par deux barriques de vin obtenues, on prend 20 à 30 kilogrammes de sucre cristallisé qu'on fait dissoudre dans 10 à 50 litres d'eau, avec 200 grammes d'acide tartrique pour intervertir le sucre et obtenir une fermentation immédiate. On jette le soluté sur le marc, on ajoute 50 grammes de tannin et on complète le volume de 200 litres d'eau.

On a soin de faire baigner tout le marc dans le liquide pour que la fermentation puisse dissoudre toute la couleur dont les rafles et les pellicules sont chargées. Si on tient à donner au vin une couleur très prononcée, on ajoute au marc avant la fermentation 200 grammes de roses trémières pulvérisées ; mais en matière commerciale, cette addition constitue une fraude. On soutire quelques jours après que la fermentation est terminée.

VIN DE TROISIÈME CUVÉE, VIN DE LIE

Le marc de raisin, épuisé par une seconde fermentation, peut être encore utilisé. On le soumet à une troisième fermentation en présence d'une solution sucrée, d'un peu d'acide tartrique, de tannin et d'une certaine quantité de lie. Cette lie augmente la saveur vineuse et la couleur de la nouvelle boisson.

Ce troisième vin bien fait donne encore une boisson

assez agréable et possède par sa richesse en alcool une supériorité incontestable sur les piquettes et boissons ordinaires de la campagne.

VINS DE FRUITS

VINS DE GROSEILLES, CASSIS, ETC.

On peut faire du vin, ou plutôt une boisson fermentée alcoolique, avec des groseilles, des cassis, des fraises, des framboises, des mûres, des baies de sureau, des cerises, des prunes, les fruits de la ronce ou plusieurs de ces fruits mélangés. En général, dans la pratique domestique, on emploie seulement un mélange de groseilles et de cassis, qu'on additionne de quelques framboises pour donner un peu de bouquet et de baies de sureau pour donner de la couleur.

Par le procédé suivant, on peut obtenir un excellent produit, s'améliorant beaucoup en bouteilles, mais il reste bien entendu qu'on peut obtenir un produit bien meilleur marché et d'un usage plus journalier en changeant les proportions de fruits et d'eau.

Prenez une certaine quantité de groseilles rouges et blanches bien mûres, moitié moins de cassis, et écrasez le tout sur un tamis pour séparer les rafles. Lavez le résidu avec autant d'eau que vous avez obtenu de jus; réunissez les deux liquides et faites bouillir quelques instants. Retirez du feu et ajoutez un dixième de framboises et un dixième de mûres noires ou de baies de sureau, le tout bien écrasé.

D'autre part, mettez dans une chaudière un volume d'eau égal au volume de jus de vos fruits; faites-y dissoudre 250 grammes de sucre par litre d'eau. Ajoutez à la première liqueur, placez dans un endroit relativement chaud et laissez fermenter. Faites en sorte que la pulpe qui tend à remonter par le fait de la fermentation reste toujours baignée dans le liquide ; couvrez le tonneau d'un linge propre.

Au bout d'un mois, soutirez ; un mois après, collez avec deux blancs d'œufs par hectolitre d'eau et mettez en bouteilles.

BOISSONS ÉCONOMIQUES

I

Genièvre.............................	10 kilog.
Sucre brut ou mélasse................	3 —
Orge germée ou grillée...............	3 —
Eau.................................	100 litres.

Réunissez et laissez fermenter.

II

Sucre brut ou mélasse...............	5 kilog.
Acide tartrique.....................	150 grammes.
Eau................................	100 litres.
Eau-de-vie.........................	2 —
Fleurs de sureau...................	25 grammes.
Fleurs de houblon	25 —

Faites dissoudre le sucre et l'acide tartrique dans l'eau. Laissez infuser les fleurs dans l'eau-de-vie et réunissez à la solution. Mettez en consommation.

On peut remplacer les fleurs ci-dessus par de la gentiane, des baies de genièvre, de la coriandre, etc.

III

Bois de réglisse....................	1 kilog.
Vinaigre de vin....................	2 litres.
Eau...............................	100 —
Fleurs de sureau..................	50 grammes.

Réunissez dans un tonneau la réglisse, le vinaigre et l'eau ; ajoutez-y l'infusion des fleurs de sureau dans un litre d'eau. Laissez macérer en agitant tous les jours et mettez en consommation.

IV

Sucre brut ou mélasse...........	4 kilog.
Eau...........................	100 litres.
Vinaigre......................	2 —
Eau-de-vie....................	3 —
Gentiane......................	100 grammes.

Laissez macérer et consommez.

V

Miel...........................	3 cuillerées.
Vinaigre de vin...............	1 —
Eau..........................	1 litre.

Mélangez et buvez après dissolution.

VI

Coco..........................	1 flacon.
Eau..........................	100 litres.

Faites dissoudre et buvez.

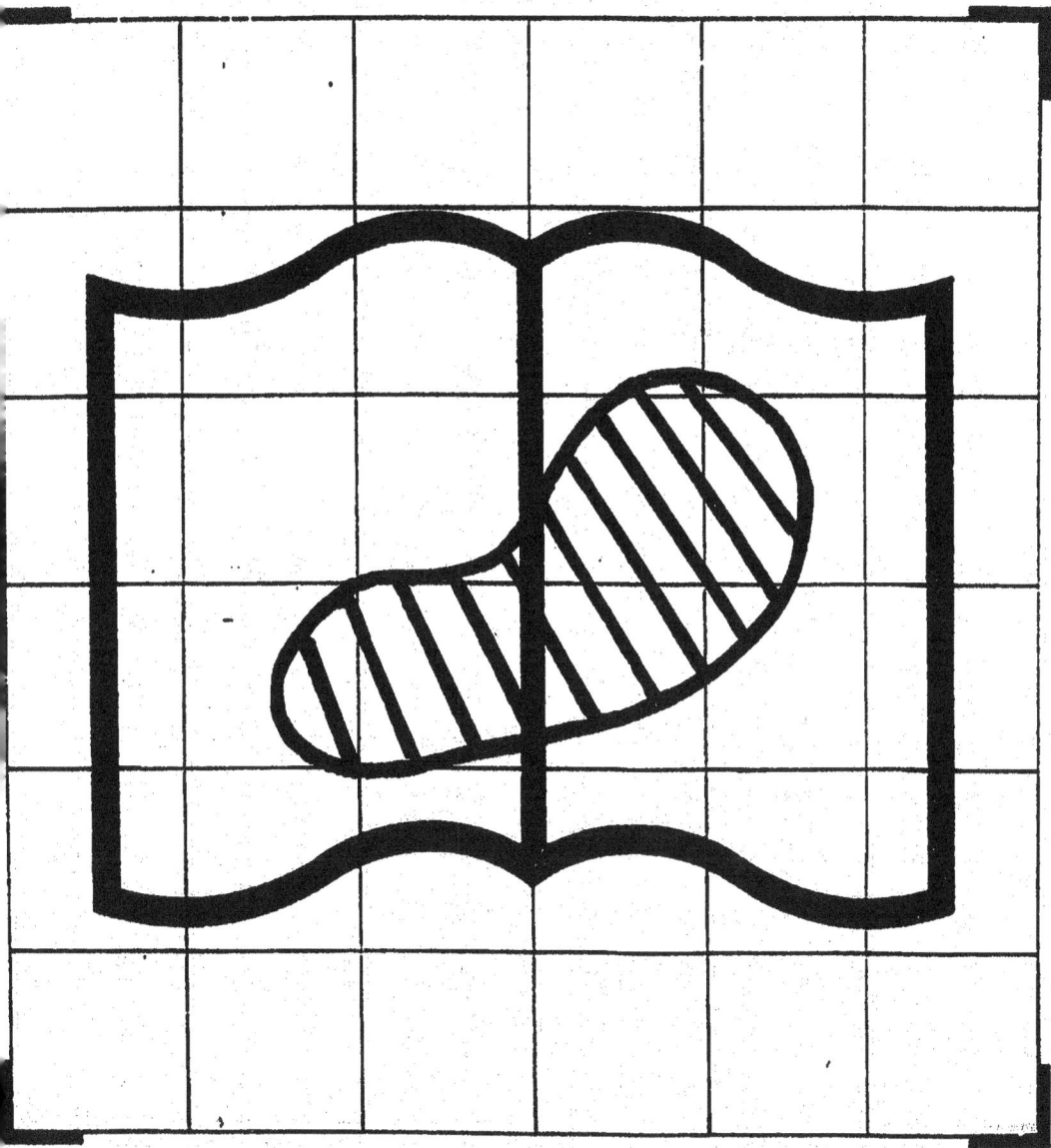

BIÈRES DE MÉNAGE

I

Houblon	250 grammes.
Coriandre	125 —
Gentiane	50 —
Sucre ou mélasse	10 kilog.
Levûre de bière	250 grammes.
Eau	100 litres.

Faites bouillir le houblon et la gentiane avec une partie de l'eau ; ajoutez le sucre et, lorsqu'il est fondu, la coriandre ; retirez du feu immédiatement. Lorsque le liquide est froid, mettez-le dans un tonneau en ayant soin de le passer ; complétez le volume de 100 litres d'eau ; ajoutez ensuite la levûre de bière et agitez avec soin. Laissez fermenter, collez à la colle de poisson, laissez reposer trois jours et mettez en bouteilles.

Dans un but économique, on peut conserver la même roportion d'eau et diminuer celle des autres substances de moitié.

II

Houblon	60 grammes.
Coriandre	30 —
Gentiane	30 —
Sucre de mélasse	4 kilog.
Vinaigre de vin	1 litre.
Eau	100 litres.

Laissez macérer cinq jours en agitant tous les jours ; tirez au clair et mettez en bouteilles ficelées avec soin. Déposez au frais dans la cave et consommez au bout de quatre à cinq jours.

CHAPITRE IV

CHARCUTERIE. — PATISSERIE. — ENTREMETS RECETTES DE CUISINE.

MÉTHODE RATIONNELLE DE SALER LES JAMBONS

La viande de porc en général et les jambons en particulier étant une des principales bases de l'alimentation à la campagne, il importe d'en indiquer les meilleurs modes de préparation et de conservation.

Pour conserver ces viandes il faut les saler, mais pour qu'elles puissent garder toutes leurs qualités nutritives et toute leur délicatesse, il faut procéder avec certains soins.

Ainsi, on ne doit saler que des viandes de porcs sains, abattus en temps froid, de fin octobre à fin mars, et procéder au salage dans les vingt-quatre heures qui suivent l'abatage.

A la salaison sèche, qu'on employait autrefois et qui donnait de mauvais résultats, on doit substituer la salaison liquide ou mieux la salaison mixte.

Dans la salaison sèche, on doit ajouter au sel du salpêtre, qui conserve aux viandes leur coloration naturelle, et du sucre, qui rend la viande plus tendre et plus délicate.

Les salaisons liquides se font à l'aide de saumures plus ou moins aromatisées, dans lesquelles on fait tremper les viandes pendant un temps plus ou moins long.

La salaison mixte donne le meilleur résultat pour le salage des jambons. Elle consiste à saler les viandes à sec pendant quelques jours, puis à les immerger ensuite dans la saumure.

Salaison mixte. — Le plus tôt possible après l'abatage, les jambons sont parés et battus à l'aide de maillets pour les débarrasser du sang qu'ils retiennent encore, puis ils sont frottés vigoureusement à la main, d'abord avec du salpêtre pur, puis avec un mélange finement pulvérisé de :

Sel blanc............................	10 parties.	
Sel gris.............................	1	—
Sucre..............................	1	—

On les dispose ensuite sur une planche à saler, on les couvre du mélange ci-dessus et on les charge de poids très lourds. Deux jours après on recommence la même opération, et le quatrième jour, après les avoir débarrassés de leur sel, on les immerge dans la saumure pour les y laisser pendant deux ou trois semaines selon leur grosseur. Au bout de ce temps, on retire les jambons de leur saumure, on les laisse s'égoutter et se ressuyer à l'air pendant dix à quinze jours ; puis on les barbouille de lie de vin ou de cendres fines mouillées d'eau-de-vie. On les laisse sécher de nouveau ; on les emballe au milieu de graines de foin dans une toile d'emballage et on les conserve dans un endroit sec et aéré. — On obtient ainsi des jambons à la chair rosée, tendre, d'un goût parfait et de très bonne conservation ; cependant les meilleurs résultats sont obtenus avec de petits jambons de six kilogs environ, qu'on ne sale à sec qu'une fois et qu'on laisse dans la saumure seulement pendant quinze jours.

Ce procédé de salage peut être appliqué à toute autre viande ; cependant la viande de bœuf demande à être un peu moins salée.

Saumure. — Les saumures varient légèrement selon les pays. En voici une très bonne formule qui peut s'appliquer à toute espèce de viande, même à celle de bœuf. Prenez :

Sel blanc........................	4 kilog.
Sel gris........................	250 grammes.
Sucre........................	1 kilog.
Salpêtre........................	500 grammes.
Eau........................	10 litres.

Faites bouillir une demi-heure, laissez refroidir et décantez. Ajoutez un litre d'une infusion faite avec 100 grammes des aromates dont on dispose. Voici les plus employés, en commençant par les plus indispensables : le poivre en grains, les clous de girofle, la cannelle, les baies de genièvre, le thym, les feuilles de laurier, la coriandre, le cumin, la sauge, la marjolaine, etc.

Avec beaucoup d'avantage on peut diminuer la quantité d'eau de quelques litres et la remplacer par une égale quantité de vin blanc, après refroidissement. La saumure ci-dessus possède une force moyenne en sel ; elle est surtout indiquée pour les salaisons d'hiver ; pour les salaisons d'été, il faudrait augmenter la quantité de sel d'un tiers.

Ces saumures se conservent longtemps en vases fermés et tenus en cave; mais on ne doit pas oublier que leur teneur en sel diminue chaque fois qu'elles ont servi à un salage; on doit donc les renforcer de temps en temps par un peu de sel, quand on les fait servir à des salages successifs.

Cependant il arrive pour des raisons multiples et assez complexes que des saumures se corrompent spontanément ; on doit donc s'assurer avec soin, avant d'immerger des viandes dans une saumure, que cette dernière est en parfait état.

Salaison du bœuf. — Prenez vos quartiers de bœuf, désossez-les et coupez-les par carrés de cinq kilogs environ. Après les avoir essuyés et parés, frottez-les de salpêtre et mettez-les dans la saumure ci-dessus, plus ou moins aromatisée selon les moyens dont on dispose. Laissez macérer quinze jours, puis retirez. Laissez égoutter. Entourez chaque morceau de graines de foin, roulez dans une toile d'emballage et laissez sécher à l'air.

On peut aussi fumer la viande de bœuf ; dans ce cas, on lave la viande sortant de la saumure, on laisse sécher un jour ou deux et on expose dans la cheminée, à deux mètres au moins au-dessus du foyer. On produit la fumée en projetant sur un feu de bois de chêne, de la sciure sèche de ce même bois.

ANDOUILLETTES

Prenez les boyaux d'un porc, à l'exception des menus, et nettoyez-les avec soin. Choisissez les meilleurs chaudins et coupez-les par bouts de 30 centimètres environ, qui vous serviront à fourrer vos andouillettes et qui prennent pour la circonstance le nom de fourrures. Retournez-les, la partie grasse en dehors ; nettoyez avec soin ; passez à l'eau vinaigrée chaude ; laissez tremper dans l'eau fraîche.

D'autre part, nettoyez de même vos autres boyaux, en ayant soin de les diviser sur toute leur longueur pour faciliter leur nettoyage. Nettoyez également une fraise de veau et coupez en bandes étroites boyaux et fraise. Répartissez également ces bandes de façon à former des andouillettes d'environ 20 centimètres de longueur ; assaisonnez-les de quantité suffisante du mélange suivant :

Sel..........................	30 parties.
Poivre........................	4 —
Moutarde	2 —
Muscade	1 —
Persil haché.................	Quantité suffisante.
Echalottes hachées..........	—

Emballez dans les fourrures et liez les extrémités. Piquez les andouillettes et faites-les cuire pendant une heure ou deux dans du bouillon mouillé de vin blanc.

Si vous voulez donner aux andouillettes la forme sous laquelle on les achète habituellement, enveloppez-les d'une serviette avant qu'elles ne soient refroidies et soumettez-les à la presse.

BOUDINS

Hachez menu cinq gros oignons ; faites-les cuire pendant une heure ou deux avec trois cuillerées de saindoux. Quand ils sont cuits et bien roux, ajoutez le sang d'un porc, un kilogramme de panne coupée en tout petits dés, 500 grammes de cretons ou grillons également hachés, deux ou trois œufs battus, un verre de cognac, enfin un hachis fait avec : fines herbes, persil, piment, sel, poivre, trois clous de girofle et deux pincées de cannelle.

Faites chauffer le tout au bain-marie, et entonnez dans des menus de porc en brassant constamment. Liez les menus de quinze en quinze centimètres.

SAUCISSES

On prépare les saucisses en remplissant des menus de porc pour les grosses saucisses, ou des menus de mouton pour les petites, de chair à saucisses.

On lie le menu de 20 en 20 centimètres, on suspend dans un lieu sec et aéré pendant quelques jours et on consomme ensuite.

Chair à saucisses. — Prenez un kilogramme de viande de porc, ni trop grasse, ni trop maigre ; si la viande est trop maigre, ajoutez-y un peu de lard. Débarrassez-la des os, des membranes et des nerfs. Hachez très menu en ajoutant :

Œufs .... nº 2.
Sel............................ 25 grammes.
Poivre......................... 3 —
Piment......................... 2 —
Salpêtre....................... 1 —
Sucre.......................... 1 —
Ail.... (peu ou point suivant goût).

CRÉPINETTES

Prenez de la chair à saucisses ; divisez-la par portions grosses comme la moitié du poing. Roulez, enveloppez de crépine et aplatissez légèrement.

Autre formule. — Prenez de la chair à saucisses ; ajoutez un tiers de son poids de filets de volailles. Hachez très menu avec une cuillerée de bonne crème ou un verre de vin de Madère. Mélangez bien le tout, divisez, roulez et enveloppez comme ci-dessus avec de la crépine.

SAUCISSONS

Préparez de préférence vos saucissons l'hiver, au moment où vous faites votre provision de viande de porc.

Prenez un kilogramme de viande maigre de porc non encore salée ; débarrassez-la aussi complètement que possible de tous les nerfs et aponévroses ; ajoutez-y 100 grammes de lard frais ; hachez grossièrement et ajoutez :

Sel	40 grammes.
Poivre pulvérisé	3 —
Piment	2 —
Salpêtre	1 —
Crème	1 cuillerée.
Ail	3 gousses.

Maniez en ajoutant un gramme de poivre en grains et emballez dans des chaudins de porc ou dans des boyaux de bœuf. Pressez bien. Liez les boyaux par bouts de 40 à 50 centimètres, puis entourez le saucisson avec une ficelle, en serrant pour presser le mélange, afin d'éviter les vides qui nuiraient à sa bonne conservation, et donner plus de fermeté à la chair.

Suspendez les saucissons dans un lieu sec et aéré pendant quelques jours et fumez-les.

On les fume en les suspendant le plus haut possible dans la cheminée et à plusieurs reprises, au-dessus d'un petit feu de braises sur lesquelles on répand de la sciure de bois de chêne ou de hêtre, mélangée d'un peu de sucre pulvérisé ou de baies de genièvre.

Ces saucissons se conservent bien pendant plusieurs mois. Récemment préparés, on les cuit pour les manger ; une fois secs, on peut les manger crus.

TERRINE DE LIÈVRE

Dépouillez et désossez un lièvre. Découpez par quartiers les parties les plus en chair et ne contenant pas de nerfs ; piquez-les de lard et assaisonnez de sel, poivre, thym, laurier, fines herbes, échalottes, le tout haché bien menu et bien mélangé.

D'autre part, faites une farce bien homogène, en hachant ensemble la fressure du lièvre, les débris des membres dépourvus de leurs nerfs, 500 grammes de veau bien débarrassé de ses parties grasses et des nerfs, 500 grammes de lard fondant, trois œufs, trois échalottes, une cuillerée de farine, persil, thym et laurier. Passez cette farce au mortier et ajoutez encore 20 grammes de sel, un gramme de poivre et un gramme d'épices fines.

Garnissez une terrine de bardes de vieux lard ; mettez par-dessus une couche de farce, puis la moitié des morceaux de lièvre non hachés ; disposez une seconde couche de farce, puis la seconde portion des morceaux entiers et terminez enfin par une couche de farce surmontée de quelques bardes entrecroisées en losanges. Fermez la terrine de son couvercle et portez au four.

Après refroidissement, on peut couvrir ce pâté de gelée, ce qui le rend plus agréable, mais nuit beaucoup à sa bonne conservation.

TERRINES DE PERDREAUX, FAISANS, ALOUETTES BÉCASSES

Désossez deux perdreaux, sans les morceler ; enlevez les nerfs ; parez et piquez de lard. Saupoudrez-les de sel, poivre, fines herbes et aromates pulvérisés.

D'autre part, faites une farce avec les débris et environ la moitié du poids des perdreaux de lard frais, et autant de rouelle de veau, deux ou trois œufs, une cuillerée de farine, 10 grammes de sel, poivre, thym, laurier, épices fines ; le tout finement pulvérisé. Passez la farce au mortier ; garnissez-en l'intérieur des perdreaux et roulez-les.

Bardez le fond d'une terrine ; garnissez-la de la moitié de la farce ; déposez ensuite les perdreaux côte à côte et recouvrez du restant de la farce. Bardez enfin la surface du pâté ; placez le couvercle et portez au four.

Procédez de la même façon pour les terrines de faisans et de bécasses. — Les alouettes ne sont pas désossées, mais seulement fendues par le dos pour en retirer les intestins. Remarquez qu'il est d'usage d'ajouter les intestins à la farce, dans les pâtés de bécasses et d'alouettes.

PATE FEUILLETÉE

Prenez 500 grammes de belle farine, pétrissez-la avec un blanc d'œuf et trois cuillerées d'eau. Salez légèrement et malaxez la pâte jusqu'à ce qu'elle soit bien liée ; laissez-la reposer une heure.

Etendez-la ensuite au rouleau pour lui donner une épaisseur d'un demi-centimètre ; repliez-la sur elle-même deux fois, en ramenant les bords opposés l'un vers l'autre, au centre de la pâte. On obtient ainsi une masse de pâte de forme carrée. Etendez de nouveau pour lui donner encore l'épaisseur d'un demi-centimètre, tout en ayant soin de lui conserver sa forme carrée.

Couvrez les deux tiers de la surface de la pâte, sauf un rebord de quelques centimètres, d'une couche régulière de beurre bien frais et préalablement bien pétri ; repliez le troisième tiers intact sur la couche beurrée ;

ramenez sur le tout l'autre partie beurrée, de façon à avoir deux couches de beurre intercalées entre trois feuilles de pâte. Repliez encore cette pâte en sens opposé de façon à lui conserver sa forme carrée, et abaissez de nouveau. Repliez encore une fois et abaissez définitivement. Mettez quelque temps au frais avant d'employer.

Cette pâte sert principalement à confectionner les vol-au-vent et les pâtisseries légères. On doit en couper les bords très nettement et éviter de les mouiller, si on veut qu'elle lève parfaitement.

VOL-AU-VENT

Après avoir manié de la pâte feuilletée, comme il est dit ci-dessus, et l'avoir ramenée à une épaisseur d'un demi-centimètre, découpez, à l'aide d'un couvercle de plat, d'un diamètre égal à celui que vous voulez donner au vol-au-vent, deux abaisses rondes. Au milieu de ces abaisses, découpez un autre rond de pâte, de façon à laisser deux cercles d'environ trois centimètres de largeur. Ces deux cercles forment les rebords du vol-au-vent, un des ronds le couvercle ; on les met de côté.

Réunissez ensuite ce qui reste de pâte, détruisez-en le feuilletage en la pétrissant et roulez-la pour lui donner encore un demi-centimètre d'épaisseur. Dans cette pâte, taillez le fond du vol-au-vent du diamètre des deux premiers cercles. Placez ce fond sur une plaque de tôle ; mouillez ses bords sur une largeur de trois centimètres et placez par-dessus un de vos cercles de pâte feuilletée ;

mouillez encore la surface de ce dernier et déposez le second cercle par-dessus.

Beurrez une feuille de papier blanc du diamètre du fond du vol-au-vent, placez-la sur ce fond, la face beurrée en dessous. Couvrez-la de débris de papier froissé, d'une hauteur de deux à trois centimètres ; placez par-dessus une nouvelle feuille de papier, le côté beurré en dessus, et enfin le couvercle. Dorez la surface du vol-au-vent sans toucher les bords et portez au four.

N'oubliez pas que, pour que la pâte feuilletée lève parfaitement, il faut en couper très nettement les bords avec un couteau bien tranchant et éviter de les mouiller.

BRIOCHE

Pour faire des brioches, il faut commencer par préparer un levain. Délayez un verre de bonne farine avec une cuillerée de levain de pain et un peu d'eau tiède ; mettez cette pâte dans un endroit chaud et laissez lever.

D'autre part, prenez 500 grammes de farine ; mettez en son milieu 50 grammes de beurre frais, 8 grammes de sel, 8 à 10 œufs et un demi-verre de crème ; malaxez en incorporant peu à peu la farine et pétrissez pour obtenir une pâte fine et bien liée. Incorporez alors le levain ; mélangez intimement ; mettez toute la pâte dans un linge fariné ; recouvrez d'une couverture et laissez monter pendant 8 à 12 heures.

Façonnez les brioches ; dorez-les au jaune d'œuf ; placez-les sur une tôle beurrée et portez au four modérément chauffé.

BISCUIT DE SAVOIE

Mélangez intimement 100 grammes de belle farine, 6 jaunes d'œufs, 150 grammes de sucre pulvérisé, la moitié d'un zeste de citron râpé et une cuillerée d'eau de fleurs d'oranger. Ajoutez les blancs d'œufs battus en neige.

Beurrez un moule, saupoudrez-le de sucre pulvérisé et garnissez-le de pâte à biscuit. Portez au four modérément chauffé.

BISCUITS A LA CUILLÈRE

Prenez de la pâte à biscuits de Savoie ; versez-la à l'aide d'une cuillère, sur des feuilles de papier blanc disposées sur une plaque de tôle. Faites en sorte que la pâte forme sur le papier de petits bâtons à peu près réguliers de 15 centimètres de longueur environ ; portez au four. Il faut à peine dix minutes pour la cuisson de ces biscuits.

TARTES

Pour préparer toutes sortes de tartes aux fruits, telles que : tartes aux prunes, poires, cerises, fraises, etc., et même les tartes aux crèmes, il faut préparer une pâte brisée.

Pâte brisée. — Prenez un litre de belle farine, étendez-la et faites un trou en son milieu ; versez-y un quart de cuillerée de sel et un demi-verre d'eau, deux œufs et 250 grammes de beurre bien frais. Maniez en incorporant progressivement la farine. Travaillez cette pâte jusqu'à ce qu'elle soit ferme et bien homogène. Abaissez au rouleau, repliez-la en trois et abaissez de nouveau en sens contraire. Recommencez trois fois la même opération et laissez reposer.

Répandez une légère couche de farine sur une plaque de tôle ; déposez dessus la pâte brisée abaissée à un centimètre d'épaisseur. Découpez-la d'une forme régulière et repliez les bords sur eux-mêmes, ou mieux, appliquez sur les bords une bande de la même pâte, mais un peu plus épaisse.

Garnissez l'intérieur de compote, de confiture, de marmelade, de fruits entiers et bien mûrs ou de crème. On dore les bords de la pâte au jaune d'œuf et on porte au four.

CRÈME A LA VANILLE

Faites bouillir quelques instants un litre de lait avec une demi-gousse de vanille fendue ; ajoutez 125 grammes de sucre et faites fondre.

D'autre part, battez dans un plat six jaunes d'œufs et un œuf entier ; incorporez-y peu à peu le lait chaud en agitant constamment. Mettez le tout dans un plat allant au feu ; couvrez d'un four de campagne et faites prendre à une chaleur modérée entre deux feux. Laissez refroidir et servez froid.

On peut ajouter à cette crème un peu de café ou de chocolat.

CRÊPES

Prenez un litre de belle farine ; délayez-la avec six œufs, deux petits verres de bonne eau-de-vie, une cuillerée à bouche d'eau de fleurs d'oranger, une cuillerée à bouche de sucre en poudre et un peu de sel. Ajoutez par parties égales du lait et de l'eau, jusqu'à ce que le mélange ait atteint la consistance d'une bouillie claire.

D'autre part, faites fondre dans une poêle gros de beurre comme une grosse noix. Versez-y une cuillerée du mélange ci-dessus, laissez cuire d'un côté, puis retournez de l'autre. Servez chaud après avoir saupoudré de sucre.

BEIGNETS

Pour faire des beignets, quels que soient les fruits que l'on veut y mettre, il faut préalablement préparer une pâte à frire ainsi qu'il suit :

Pâte à frire. — Mélangez quatre cuillerées de farine avec deux jaunes d'œufs, une cuillerée de crème, une cuillerée d'huile d'olives et quantité suffisante de lait pour obtenir une sorte de bouillie demi-liquide. Battez les blancs des deux œufs, ajoutez-les à la pâte et laissez reposer.

BEIGNETS DE POMMES, DE FRAISES, DE FRAMBOISES

Épluchez vos pommes, coupez-les en rondelles minces, enlevez le cœur et les pépins. Mettez-les dans un plat, saupoudrez-les de sucre et arrosez-les de cognac ou de kirsch. Laissez-les macérer pendant deux heures, puis mélangez-les à la pâte à frire.

D'autre part, mettez dans une poêle gros de beurre comme une grosse noix et, lorsqu'il est bien chaud, faites-y frire vos rondelles de pommes imprégnées de pâte, jusqu'à ce qu'elles aient pris une belle couleur dorée. Saupoudrez de sucre et servez.

On procède de la même façon pour les beignets de fraises et de framboises.

BEIGNETS D'ORANGES

Débarrassez vos oranges de leur peau. Divisez-les par quartiers, enlevez les pépins et saupoudrez de sucre.

Trempez-les dans une pâte à frire, faites frire, saupoudrez de sucre et servez chaud.

BEIGNETS A LA BRIOCHE

Coupez de minces rondelles de brioche ; mouillez-les légèrement d'absinthe ; passez-les dans une pâte à beignets et faites frire.

PANNEQUETS AUX CONFITURES

Mélangez intimement deux cuillerées de farine, trois cuillerées de sucre en poudre, 60 grammes de beurre et un demi-litre de lait. Salez légèrement et faites une pâte demi fluide.

Beurrez le fond d'une poêle et jetez-y assez de pâte pour garnir le fond de la poêle ; faites cuire.

Couvrez chaque pannequet de confiture ou de marmelade ; roulez, saupoudrez de sucre et servez chaud.

CROQUETTES DE POMMES DE TERRE

Faites cuire à l'eau des pommes de terre de bonne qualité, bien farineuses. Epluchez-les et écrasez-les avec soin. Mêlez-y un peu de bonne eau-de-vie, un peu de crème et quelques jaunes d'œufs ; mélangez intimement, salez et poivrez. Battez les blancs de vos œufs en neige, incorporez à la pâte ; maniez et divisez en boulettes allongées.

Faites bouillir de la friture, jetez-y vos boulettes roulées dans la farine ; laissez prendre couleur ; retirez de la friture, égouttez, saupoudrez de sucre et servez chaud.

OEUFS A LA NEIGE

Faites bouillir un litre de lait avec une cuillerée d'eau de fleurs d'oranger et un quart de gousse de vanille fendue.

Cassez six œufs ; battez les blancs en neige ferme et faites cuire cette neige par petites portions dans le lait tenu bouillant ; retournez-la doucement dans le lait pour bien la cuire ; retirez-la avec une écumoire et mettez-la égoutter.

D'autre part, battez les jaunes avec un peu de lait froid et incorporez lentement au lait chaud. Versez dans un plat et étagez la neige par-dessus.

OMELETTE SOUFFLÉE

Cassez des œufs et séparez les blancs des jaunes.
Battez ces derniers avec une cuillerée de sucre pulvérisé
pour quatre œufs, une cuillerée à bouche d'eau de fleurs
d'oranger ou mieux un tiers de zeste de citron haché
très menu. Battez également les blancs et mêlez aux
jaunes. Mettez le tout dans une poêle, faites prendre
légèrement et retirez du feu. Déposez l'omelette dans un
plat allant au feu, saupoudrez-la de sucre, mettez au feu
et couvrez d'un four de campagne chargé de braises
bien vives. Servez aussitôt que l'omelette est montée et
a pris couleur.

OMELETTE AUX CONFITURES

Préparez une omelette très peu cuite ; garnissez-en le
milieu de confiture ou de marmelade. Tournez. Déposez
sur un plat et saupoudrez de sucre.

On peut l'arroser de rhum que l'on enflamme au moment de servir.

OMELETTE AUX CERISES

Prenez de belles cerises ; enlevez leurs noyaux ; passez-les une minute dans du beurre légèrement chaud ;
égouttez et incorporez-les à quelques œufs préalablement battus ; battez de nouveau et faites cuire comme à
l'ordinaire.

Saupoudrez l'omelette de sucre, arrosez-la de rhum, servez et enflammez.

SALADE D'ORANGES

Epluchez des oranges ; coupez-les en tranches minces ; enlevez les pépins et déposez les morceaux avec symétrie au fond d'un saladier, sur une couche de sucre en poudre. Saupoudrez de sucre et arrosez-les avec une cuillerée d'eau de fleurs d'oranger, un demi-verre de bon cognac, rhum ou kirsch et quantité suffisante d'eau pour faire baigner à peu près tous les quartiers d'oranges.

FILET DE BOEUF

Parez un filet de bœuf, débarrassez-le de toutes ses peaux et ses tendons, puis mettez-le mariner pendant quelques heures dans de l'huile d'olives avec sel et poivre. Passez à la mie de pain fine, laissez sécher un peu et faites cuire à la broche à petit feu. Servez sur la sauce suivante en ajoutant le jus de la lèchefrite.

Faites votre sauce avec moitié bouillon et moitié vin rouge, un filet de vinaigre, échalottes et gousses d'ail hachées menu, une feuille de laurier et quelques grains de poivre noir. Laissez réduire et servez avec le filet.

BOEUF EN DAUBE

Procurez-vous votre bœuf la veille ; piquez d'ail et de

lardons. Laissez-le macérer jusqu'au lendemain dans un peu de vin rouge et une cuillerée de bon vinaigre, un bouquet garni, une feuille de laurier, un oignon piqué d'un ou deux clous de girofle, sel et poivre. Faites braiser pendant quatre à cinq heures.

ÉPAULE DE MOUTON FARCIE

Faites désosser une belle épaule de mouton. Remplissez-la d'une farce faite avec chair à saucisse, ail, échalottes, fines herbes, épices, sel et poivre. Ficelez.

Dans un plat allant au feu, déposez une couronne de tranches de pommes de terre salées, quantité suffisante de graisse et quelques cuillerées d'eau. Graissez légèrement votre épaule, placez-la sur le plat et portez-la au four.

PIEDS DE COCHON A LA SAINTE-MÉNEHOULD

Echaudez deux pieds de porc; sectionnez-les sur toute leur longueur, puis ficelez-les pour éviter qu'ils se défassent en cuisant. Faites-les cuire dans du bouillon coupé de moitié vin blanc si l'on veut, avec bouquet garni et quelques clous de girofle. Il leur faut au moins six heures de cuisson. Au bout de ce temps, retirez-les du feu et laissez refroidir. Enlevez la ficelle qui les entoure; passez-les dans du beurre fondu, puis couvrez-les de chapelure avec sel et poivre. Faites griller sur un feu doux et servez.

ROGNONS AU VIN BLANC

Coupez vos rognons ; passez-les d'abord à l'eau chaude, puis dans un peu de graisse chaude pour les débarrasser de leur odeur et de leur goût urineux. Egouttez-les. Remettez-les dans la poêle sur un bon feu avec un morceau de beurre, persil, petits oignons et échalottes hachés bien menu, sel et poivre. Remuez avec soin. Lorsque les rognons sont un peu réduits, ajoutez un peu de farine ; tournez. Ajoutez enfin un verre de bon vin blanc, tournez sans laisser bouillir et servez.

POULE AU RIZ

Après avoir mis la poule au pot, on l'utilise ainsi qu'il suit : faites crever dans du bouillon une livre et demie de riz ; égouttez-le. Passez à la poêle un morceau de gras de jambon coupé en tout petits dés, un morceau de beurre ; laissez prendre couleur. Ajoutez votre riz et mouillez avec un peu de bouillon, salez peu, poivrez fortement et ajoutez un peu d'épices fines. Sautez jusqu'à ce que tout le jus soit absorbé et versez sur votre poule préalablement dressée dans un plat. Couvrez d'un four de campagne chargé de braises bien ardentes ; laissez prendre couleur et servez.

POULET SAUTÉ

Plumez, videz et découpez un poulet. Faites-le sauter dans la poêle avec un peu de gras de jambon, quelques oignons hachés menu et le maigre du jambon coupé en dés ; salez et poivrez. Quand le poulet est cuit, arrangez les morceaux sur un plat. Allongez la sauce de quelques cuillerées de bouillon et d'un filet de vinaigre, ou mieux d'un peu de jus de citron ; ajoutez persil et cerfeuil hachés menu et quelques champignons préalablement passés à l'eau bouillante, si vous en avez à votre disposition. Laissez donner quelques bouillons, versez sur vos morceaux de poulet et servez.

LAPIN A LA PAYSANNE

Dépouillez un lapin et découpez-le en morceaux. Laissez mariner vingt-quatre heures dans un verre de vin blanc et une cuillerée de bonne eau-de-vie, avec bouquet garni, piment, laurier, poivre et sel. Mettez ensuite vos morceaux de lapin dans une casserole avec un morceau de beurre, 200 grammes de petit lard coupé en dés, deux oignons et quelques ciboulettes coupés en petits morceaux, un peu de persil haché, un demi-verre de vin blanc, poivre et sel. Couvrez hermétiquement et faites cuire deux heures.

CIVET DE LIÈVRE

Dépouillez votre lièvre et recueillez le sang dans un bol contenant une cuillerée à bouche de bon vinaigre. Coupez-le en morceaux ; coupez de même une demi-livre de lard de poitrine de porc frais ; faites frire. Faites un roux blond avec graisse de porc et farine, mouillez avec moitié bouillon, moitié vin rouge et un peu de bon cognac, si l'on veut faire bien les choses. Ajoutez un bouquet de persil, une feuille de laurier, un peu de thym, une gousse d'ail, épices, sel et poivre. Faites cuire à un feu modéré pendant deux ou trois heures. Une demi-heure avant de retirer du feu, enlevez le bouquet de persil, le thym et le laurier ; ajoutez six échalottes hachées ; liez avec le sang ; laissez faire un simple tour de bouillon et servez.

PERDREAUX A LA BERRICHONNE

Plumez, parez et videz deux perdreaux. Hachez les foies et les gésiers avec un peu de lard, poivrez légèrement et garnissez de cette farce l'intérieur de vos perdreaux. Procurez-vous un citron ; enlevez l'écorce, coupez en tranches minces et placez quatre de ces tranches sur chaque perdreau, en les maintenant avec des bardes de lard. Mettez en broche devant un bon feu pendant une demi-heure. Servez sur des tartines de pain grillé, arrosées du jus des perdreaux.

ANGUILLE A LA MAITRE D'HOTEL

Dépouillez une anguille ; mettez-la macérer quelques instants dans de bon vinaigre ; passez et mettez sur le gril. Laissez cuire en retournant.

D'autre part, hachez menu cerfeuil, persil, quelques amandes mondées ; maniez avec un bon morceau de beurre frais, salez et poivrez. Garnissez le fond d'un plat de cette préparation, déposez l'anguille par-dessus et servez.

ALOSE, CARPE, BROCHET AU COURT BOUILLON

Préparez votre court bouillon en faisant bouillir dans une poissonnière, pendant un quart d'heure pour l'alose et la carpe et une demi-heure pour le brochet, parties égales de vin blanc et d'eau avec bouquet garni, carottes coupées en tranches, oignon, ail, sel et poivre. Après ce temps, plongez dans le bouillon l'alose, la carpe ou le brochet, et laissez cuire.

La carpe et le brochet se laissent refroidir dans leur bouillon ; l'alose en est retirée une fois cuite.

L'alose et la carpe s'écaillent ; le brochet ne s'écaille pas, on le vide par les ouïes, qu'on supprime également.

L'alose, le brochet et la carpe se servent sur une planchette garnie d'une serviette, entourés de persil en branches et accompagnés d'une sauce piquante, d'une sauce remoulade ou d'une sauce mayonnaise.

ÉCREVISSES AU COURT BOUILLON

Videz les écrevisses en retirant l'écaille du milieu de leur queue.

Mettez-les dans un chaudron avec une quantité suffisante de vin blanc et le double de vinaigre, pour qu'elles y baignent à moitié. Ajoutez thym, laurier, gousses d'ail, un peu d'écorce de citron, si on en a à sa disposition, une poignée de sel, une poignée de poivre en grains, un morceau de sucre et un atome de beurre. Mettez sur un feu vif et, après quelques bouillons, retirez du feu. Laissez les écrevisses se refroidir un peu en vase clos dans leur bouillon, essuyez et servez.

ŒUFS FARCIS

Faites durcir des œufs, épluchez-les et coupez-les en deux. Séparez les jaunes des blancs, mettez ces derniers de côté et pilez les jaunes avec une égale quantité de beurre, de la mie de pain préalablement trempée dans de la crème, un hachis de fines herbes, épices fines, sel et poivre. Garnissez les blancs d'une partie de cette farce ; disposez l'autre partie dans le fond d'un plat et placez les blancs farcis par-dessus. Portez le plat sur des cendres chaudes et recouvrez-le d'un four de campagne. Lorsque les œufs auront pris bonne couleur, servez-les seuls ou avec une sauce à la crème.

ŒUFS AU BEURRE NOIR

Cassez des œufs sur un plat, salez et poivrez. Arrosez-les de beurre préalablement roussi. Mettez-les dans la poêle, laissez cuire en retournant et versez dans le plat. Passez un filet de vinaigre dans la poêle, laissez bouillir et arrosez vos œufs.

CEPS GRATINÉS

Epluchez de beaux ceps, enlevez le pied et les tubes et conservez le chapeau intact. Faites une farce bien liée avec les débris des ceps, un peu de porc frais très gras, un œuf dur, une ou deux gousses d'ail, fines herbes, sel et poivre. Garnissez l'intérieur de vos champignons d'une partie de cette farce, saupoudrez de chapelure. D'autre part, garnissez le fond d'un plat allant au feu d'un peu de graisse d'oie ou d'huile d'olives ; disposez par-dessus votre restant de farce ; rangez-y vos champignons farcis et faites cuire, soit au four, soit entre deux feux, pendant deux ou trois heures au moins.

ORONGES A LA VAPEUR

Prenez des oronges, autant que possible non encore complètement épanouies ; débarrassez-les de leur blanc manteau. Enveloppez-les d'un linge mouillé de bonne eau-de-vie et suspendez-les dans une marmite au moyen d'une traverse de bois. Versez au fond de la marmite une demi-bouteille de vin blanc, placez le couvercle et portez sur le feu. Quand le vin est évaporé, les oronges sont cuites. Mangez-les avec un peu de sel et de beurre frais.

POMMES DE TERRE SOUFFLÉES

Coupez vos pommes de terre en tranches très minces. Passez-les cinq minutes dans une friture très chaude ; égouttez-les. Faites bouillir votre friture et remettez-y vos pommes, jusqu'à ce qu'elles aient pris couleur et qu'elles soient bien gonflées. Egouttez, salez et servez.

POMMES DE TERRE A LA MAITRE D'HOTEL

Faites cuire vos pommes de terre à l'eau salée, épluchez et coupez en tranches minces. Mettez-les dans une casserole avec un bon morceau de beurre, ciboules, cerfeuil et persil hachés, poivre et sel ; faites sauter. Quand tout est bien lié, servez en ajoutant un filet de vinaigre.

POMMES DE TERRE A LA CRÈME

Cuisez vos pommes de terre à l'eau salée ; épluchez et coupez en tranches minces. D'autre part, faites fondre un bon morceau de beurre, ajoutez une cuillerée de farine, persil et ciboules hachés, sel et poivre et quantité

suffisante de bonne crème. Une fois cette sauce bouillante, mélangez-y vos pommes de terre et servez.

FÈVES A LA CRÈME

Prenez des fèves avant leur entier développement, enlevez leur enveloppe ou mieux passez-les à l'eau bouillante pour détruire l'âcreté de cette première peau.
Egouttez-les et faites-les raffermir dans de l'eau fraîche. Egouttez-les de nouveau et passez-les au beurre en
ajoutant un bouquet de sarriette, persil haché, sel, poivre, un peu de farine, gros comme le pouce de sucre et
un peu de bouillon. Laissez cuire ; au moment de servir,
ajoutez quantité suffisante de crème bien fraîche ; laissez
chauffer et servez.

Dès que les fèves sont formées, on peut les manger
en hors-d'œuvre avec beurre, sel et poivre.

CHOUX-RAVES A LA CRÈME

Epluchez vos choux-raves ; coupez-les par tranches
que vous jetterez dans l'eau bouillante légèrement salée
pour les faire cuire. Une fois cuits, retirez-les ; disposez-
les sur un plat et couvrez-les de persil haché très finement. D'autre part, faites une sauce avec de la crème
très fraîche, un morceau de beurre, une pincée de farine, sel et poivre. Faites chauffer quelques minutes et
versez sur vos rondelles de choux-raves. Servez.

TOMATES FARCIES

Choisissez de belles tomates ; jetez-les dans l'eau bouillante pour enlever la première peau. Coupez la partie supérieure et enlevez les graines. Faites, d'autre part, une farce avec chair à saucisses, ail, échalottes, persil et estragon finement hachés, sel et poivre. Garnissez de cette farce l'intérieur de vos tomates ; saupoudrez de chapelure ; placez-les dans un plat allant au feu avec quelques cuillerées d'huile d'olives et faites cuire à un feu modéré sous un four de campagne.

SALSIFIS ET SCORSONÈRES FRITS

Épluchez des salsifis ou des scorsonères ; coupez-les en morceaux et passez-les à l'eau vinaigrée. Faites-les cuire dans de l'eau salée, avec une cuillerée de farine. Lorsqu'ils sont cuits, laissez-les égoutter ; passez-les dans de la pâte à frire (Voyez *Pâte à frire*). Faites frire, salez et servez.

Quelques personnes trempent les salsifis et les scorsonères dans de la sauce blanche avant de les passer dans la pâte à frire.

SOUPE A L'AIL

Faites bouillir pendant deux heures une certaine quantité de gousses d'ail avec l'eau voulue pour le po-

tage ; ajoutez un ou deux clous de girofle et du sel.
Taillez vos tranches de pain, poivrez copieusement,
arrosez de deux cuillerées de bonne huile d'olives. Passez votre bouillon et versez-le sur le pain ; laissez tremper et servez.

POTAGE AU RIZ

Lavez du riz, faites-le cuire à l'eau avec un peu de
sel jusqu'à ce qu'il soit bien crevé. Ecrasez-le avec soin ;
ajoutez un bon morceau de beurre, un peu de poivre
blanc et remettez sur le feu. Liez avec un ou deux jaunes
d'œufs délayés dans un peu de lait et servez.

On peut ajouter au potage ci-dessus, avec avantage,
un lait d'amandes, obtenu en pilant quelques amandes
mondées avec un peu de sucre et en les émulsionnant
avec quantité suffisante d'eau.

POTAGE PRINTANIER

Mettez dans une casserole un bon morceau de beurre
et une poignée d'oseille ; laissez fondre. Ajoutez ensuite
le blanc de quelques laitues, un peu de cerfeuil, une
poignée de petits pois et quelques pointes d'asperges.
Laissez fondre, salez, remplissez d'eau et laissez cuire.
Liez avec quelques jaunes d'œufs délayés dans un peu
de bonne crème ou du lait. Versez sur quelques tranches
de pain.

CONSOMMÉ MILORD

Prenez de la pâte à beignets, mélangez-la d'une forte quantité de cerfeuil haché très menu, d'un tout petit peu de persil et d'estragon également hachés menu et faites frire par petits beignets gros comme des boutons. Versez vos beignets dans de bon consommé, couvrez d'une chiffonnade d'oseille hachée en poussière et servez.

SAUCE PIQUANTE

Faites un roux bien blond, mouillez avec un peu d'eau et ajoutez : oignons, thym, laurier, persil, poivre en grains, une gousse d'ail et quelques échalottes, le tout haché finement, un filet de vinaigre. Faites réduire à très petit feu en agitant ; assaisonnez de poivre et de sel ; étendez de quantité suffisante de bouillon, portez à l'ébullition et passez à la passoire fine.

SAUCE VERTE

Hachez menu estragon, ciboules, persil, cerfeuil, épinards, s'il y en a, et une pointe d'échalotte. Pilez le tout au mortier avec sel, poivre et moutarde ; ajoutez un tout petit filet de vinaigre et quantité suffisante d'huile d'olives pour obtenir une sauce bien liée et d'une consistance convenable.

SAUCE MAYONNAISE

Prenez deux jaunes d'œufs bien frais ; battez-les à l'aide d'une cuillère, avec sel et poivre, persil, ciboules et estragon hachés menu. Ajoutez peu à peu et par petites portions, en remuant vivement et constamment, environ trois quarts de verre de bonne huile d'olives et quelque peu de bon vinaigre.

SAUCE REMOULADE

Hachez très menu ciboules, pointes d'ail et d'échalottes, cerfeuil et estragon ; délayez avec un jaune d'œuf et ajoutez une demi-cuillerée de moutarde et un peu de sel. Incorporez peu à peu à ce mélange, en battant constamment, quantité suffisante de bonne huile d'olives pour obtenir une sauce bien liée et de consistance convenable.

SAUCE ROBERT

Faites un roux léger ; ajoutez-y quelques oignons coupés en tout petits dés ; laissez prendre couleur. Ajoutez encore un peu de beurre et mouillez avec du bouillon. Laissez bouillir une demi-heure, salez et poivrez ; ajoutez quantité suffisante de moutarde et servez.

BEURRE D'ANCHOIS

Parez et nettoyez une certaine quantité d'anchois ; supprimez les arêtes ; broyez au mortier. Ajoutez deux fois autant de beurre bien frais et mélangez intimement.

ÉPICES FINES

Réduisez en poudre impalpable et mélangez intimement :

Poivre blanc......................	20 parties.
Piment...........................	5 —
Macis	2 —
Girofle	2 —
Thym	2 —
Laurier	2 —
Cannelle.	1 —
Muscade	1 —

CHAPITRE V

COSMÉTIQUES. — PARFUMS

PRÉPARATIONS HYGIÉNIQUES

EAU DE COLOGNE

Pour faire de bonne eau de Cologne, il faut employer de bonnes matières premières, essence et alcool, faire leur mélange en proportions convenables et laisser vieillir au moins un an. La base de ce cosmétique étant l'alcool, on doit le choisir bien rectifié et sans odeur à 75, 85 ou 90 degrés, selon la valeur du produit que l'on veut obtenir.

Le prix de l'alcool acheté en gros varie de 2 fr. 25 à 2 fr. 75 le litre à 90°, selon la qualité.

On mélange dans cet alcool des essences en proportions variables et en plus ou moins grand nombre, selon le prix de revient que l'on s'est fixé. La plupart des essences sont d'un prix très élevé : un gramme de néroli revient à un franc et un gramme de musc à six francs.

Il existe un très grand nombre de formules d'eau de Cologne ; j'en indiquerai seulement quatre, donnant quatre produits de plus en plus suaves comme de plus en plus chers.

I

M. nº 11
Essence de citron.............	12 grammes.
— de cédrat.............	6 —
— de bergamote........	6 —
— de lavande	3 —
Teinture de benjoin..........	20 —
Alcool à 80°................	1 litre.

Mélangez et laissez vieillir en remuant de temps en temps.

II

M. nº 12
Essence de citron...........	12 grammes.
— de cédrat..........	6 —
— de bergamote.......	6 —
— de lavande	3 —
Teinture de benjoin........	20 —
Musc.....................	0 gr. 10 centigr.
Alcool à 85°...............	1 litre.

M. S. A.

III

M. nº 13
Essence de citron...........	12 grammes.
— de cédrat..........	8 —
— de bergamote.......	5 —
— de lavande..........	4 —
— de romarin	1 —
— de néroli..........	1 —
Teinture de benjoin........	10 —
Alcool à 90°...............	1 litre.

M. S. A.

IIII

M. n° 14	Essence de citron............	10 grammes.
	— de bergamote........	10 —
	— d'origan	10 —
	— de romarin.........	3 —
	— de néroli............	2 —
	Musc.....................	0 gr. 15 centigr.
	Alcool à 90°.................	1 litre.

VINAIGRE DE TOILETTE

La formule suivante donne un très bon produit à odeur suave et pénétrante.

Teinture de benjoin............	90 grammes.
Acide acétique cristallisable....	10 —
Eau de Cologne, q. s. p.........	1 litre.

M. S. A.

EAU DE LAVANDE

Essence de lavande............	15 grammes.
Eau de roses.................	100 —
Eau de Cologne..............	300 —
Alcool à 90°.................	500 —

M. S. A.

EXTRAITS TRIPLES POUR MOUCHOIRS

Ce sont des mélanges d'essences en solution dans l'alcool. Ils communiquent une odeur fine et délicate aux objets qui en sont aspergés. Ils sont beaucoup employés pour parfumer les mouchoirs, les boîtes à ouvrage, les armoires à linge, etc. Les plus fins, les plus appréciés sont :

L'extrait de mille fleurs, l'extrait de foin coupé, l'extrait de cuir de Russie, le hylang-hylang, l'héliotrope, l'opopanax, etc.

SACHETS PARFUMÉS

Ces sachets sont d'un usage de plus en plus fréquent. Le parfum qu'ils communiquent aux choses qui les avoisinent est des plus délicats et fort agréable. On varie leur odeur et leur composition selon leur destination. On en fait à la lavande pour les armoires à linge, au patchouli pour les porte-manteaux, au santal et aux extraits d'Orient pour les bureaux.

Ces sachets sont composés d'une poudre aromatique ou aromatisée, renfermée dans une enveloppe quelquefois fort élégante.

POUDRE POUR SACHET A LA LAVANDE

Fleurs de lavande séchées et pulvérisées.	100	grammes.
Iris pulvérisé.........................	20	—
Benjoin pulvérisé......................	20	—
Essence de lavande	5	—

M. S. A.

POUDRE POUR SACHET AU PATCHOULI

Patchouli pulvérisé............... 250 grammes.
Fleurs de lavande pulvérisées.. 50 —
Essence de patchouli........... 0 gr. 50 centigr.
Musc......................... 0 gr. 05 —
        M. S. A.

POUDRE POUR SACHET AU SANTAL

Bois de santal pulvérisé........ 100 grammes.
Racine d'iris pulvérisée........ 50 —
Essence de lavande............ 0 gr. 40 centigr.
Essence de santal.............. 0 gr. 40 —
Musc......................... 0 gr. 40 —
        M. S. A.

POUDRE POUR SACHET A LA FRANGIPANE

Racine d'iris pulvérisée......... 100 grammes.
Vetyver pulvérisé.............. 10 —
Santal pulvérisé............... 25 —
Patchouli .... 20 —
Essence de santal.............. 0 gr. 20 centigr.
Musc .... 0 gr. 20 —
        M. S. A.

ÉLIXIR DENTIFRICE (dit Eau de Botot).

M. n° 15
{
Essence de menthe..........	4 grammes.
— de badiane...........	2 —
— de girofle...........	3 —
— de cannelle..........	1 —
Teinture de pyrèthre........	20 —
— de cochenille.......	20 —
Salol......................	4 —
Alcool à 80°.................	1 litre.

M. S. A.

POUDRE DENTIFRICE ROSE

Craie....................	100 grammes.
Talc.,...................	100 —
Phosphate de chaux.......	100 —
Salol	3 —
Carmin n° 40.............	0 gr. 20 centigr.
Essence de menthe........	Quantité suffisante.

M. S. A.

POUDRE DENTIFRICE AU CHARBON

Charbon de peuplier pulvérisé...	20 grammes.
Quinquina jaune pulvérisé......	10 —
Carbonate de chaux............	10 —
Carbonate de magnésie........	5 —
Essence de menthe............	X gouttes.

M. S. A.

OPIAT DENTIFRICE

Corail	40 grammes.
Craie........................	40 —
Phosphate de chaux.............	20 —
Miel blanc et glycérine..........	Q. s.
Essence de menthe..............	X gouttes.
Essence de girofle..............	X —

M. S. A.

HUILE ANTIQUE

Les huiles vendues sous ce nom servent à assouplir et à lisser les cheveux. Malheureusement, beaucoup de ces huiles vendues bon marché sont faites avec des huiles de qualité inférieure qui rancissent facilement, s'oxydent, deviennent acides, rougissent la chevelure et communiquent à la tête une mauvaise odeur. On ne devrait donc employer dans la fabrication de ces préparations que des huiles difficilement oxydables et se conservant longtemps sans rancir, comme l'huile de ricin par exemple. Les huiles antiques faites avec cette dernière conservent toujours leurs propriétés adoucissantes et cosmétiques.

La formule suivante joint aux qualités de l'huile les propriétés toniques et astringentes du baume du Pérou, agent des plus employés contre la chute des cheveux.

Huile de ricin.................... 100 grammes,
Baume du Pérou............... 2 —
Essence de géranium rosat...... XII gouttes.
    M. S. A.

EAU DE QUININE

Teinture de quinquina.......... 125 grammes.
Eau de Cologne................ 400 —
Teinture de cantharide .... 25 —
    M. S. A.

Cette préparation est non seulement utile pour nettoyer la tête, mais encore pour tonifier la chevelure, arrêter la chute des cheveux et les faire repousser dans tous les cas d'alopécie. — Dans un but d'économie, on peut la remplacer par la suivante :

Jaune d'œuf .... N° 1.
Borate de soude............... 5 grammes.
Eau tiède..................... 500 —

FARD LIQUIDE

Carmin n° 40................ 0 gr. 25 centigr.
Ammoniaque................. X gouttes.
Essence de roses............. I —
Eau de roses................ 15 grammes.
    M. S. A.

Pour donner aux lèvres une belle couleur cerise et procurer une mine factice aux personnes pâles et anémiques.

LAIT VIRGINAL

Teinture de benjoin............	40 grammes.
Eau de roses.................	1/2 litre.
M. S. A.	

Ce cosmétique est préconisé pour conserver le teint frais et le préserver du hâle.

LAIT ANTÉPHÉLIQUE

Les personnes sujettes aux taches de rousseur peuvent s'en préserver ou s'en débarrasser en se lotionnant la figure matin et soir avec la préparation suivante, d'ailleurs cosmétique rafraîchissant, agréable et complètement inoffensif pour la santé.

Acide borique.................	2	grammes.
Borate de soude...............	2	—
Eau de roses.................	100	—
Teinture de benjoin............	5	—

Faites dissoudre à chaud l'acide borique dans l'eau de roses, ajoutez la teinture de benjoin et passez.

POUDRE DE SAVON POUR LA BARBE

Il arrive quelquefois, souvent même; que le rasoir détermine par son contact irritant ou malpropre une poussée de petits boutons toujours gênants, quand ils ne sont pas le début d'une maladie de peau des plus fâcheuses.

On évite ce désagrément en se servant pour se raser de la poudre de savon suivante :

Savon de toilette surfin pulvérisé.	25 grammes.
Poudre de riz....................	15 —
Borate de soude.................	5 —

Cette poudre ajoute à la propriété du savon une action adoucissante et antiseptique des plus heureuses.

Son emploi, tout aussi économique, est plus commode que celui du savon lui-même.

CHAPITRE VI

MÉDECINE USUELLE ET HYGIÈNE VÉTÉRINAIRE

Tout agriculteur ou propriétaire de bestiaux, soucieux de ses intérêts, doit apprendre à combattre les premiers symptômes des maladies qui peuvent atteindre ses animaux. Il doit donc s'étudier à les reconnaître et surtout à les empêcher de se manifester par des soins hygiéniques convenables. Toutefois il ne devra jamais oublier que ses faibles lumières ne sont pas suffisantes pour se priver des soins éclairés d'un vétérinaire, toutes les fois que les premiers secours n'auront pas amené rapidement un mieux sensible.

MALADIES CONTAGIEUSES

Il serait superflu de donner ici la façon de traiter les maladies contagieuses suivantes, car dès leur apparition, le propriétaire des animaux malades doit en faire la déclaration à la mairie qui prévient le vétérinaire délégué par l'administration pour les inspections sanitaires. Le vétérinaire constate la maladie, prescrit les soins nécessaires et fait son rapport au préfet. Le préfet à son tour prend un arrêté prescrivant les mesures nécessaires pour circonscrire l'épidémie. Il peut ordonner l'isolement, la séquestration, l'interdiction de la vente, l'abatage, la désinfection des écuries, la clavelisation. Le maire même, dans certains cas, peut ordonner l'abatage, sur l'avis du vétérinaire de l'administration. L'abatage des animaux simplement contaminés donne droit le plus souvent à une certaine indemnité. Quand il y a contestation sur les caractères de la maladie entre le vétérinaire délégué et le vétérinaire du propriétaire, le préfet nomme un autre vétérinaire comme troisième arbitre.

L'exercice de la médecine vétérinaire dans les maladies contagieuses est interdit à quiconque n'est pas pourvu d'un diplôme de vétérinaire.

La loi du 21 juillet 1881 qui a fixé ces règlements a classé comme contagieuses les maladies suivantes :

La peste bovine ;

La péripneumonie contagieuse dans l'espèce bovine ;

La clavelée et la gale, chez le mouton et la chèvre ;

La fièvre aphteuse ou cocote, chez le bœuf, le mouton, la chèvre et le porc ;

La morve, le farcin, la dourine, chez le cheval, le mulet et l'âne ;

Le charbon emphysémateux et la tuberculose dans l'espèce bovine ;

Le rouget et la pneumoentérite chez les porcs.

Le seul traitement que l'on pourrait préconiser ici est le traitement préventif et il est le même pour toutes ces maladies.

Traitement préventif des maladies contagieuses. — Il consiste en lavages antiseptiques et en breuvages de même nature.

Les antiseptiques sont des substances qui, par leur présence dans un milieu, y font périr ou empêchent de s'y reproduire tous les microorganismes, causes premières de toutes les maladies contagieuses.

Parmi les antiseptiques externes les plus efficaces, nous avons : l'acide sulfurique, les vapeurs de soufre, l'acide phénique, les vapeurs de goudron, la chaux, etc.

L'acide sulfurique et l'acide phénique sont employés en solution à 1 p. 100 en lavages complets des écuries de temps en temps et en aspersions journalières.

Les vapeurs de soufre s'obtiennent en faisant brûler du soufre mélangé d'un peu de salpêtre au milieu de l'écurie bien close. Le gaz acide sulfureux qui se dégage alors étant très suffoquant et pouvant donner lieu à des asphyxies, il est de toute nécessité d'aérer préalablement l'écurie pendant plusieurs heures avant de s'y introduire et d'y conduire les bestiaux.

La chaux sert, concurremment avec un des procédés de désinfection précédents, à badigeonner les parois des écuries à l'état de lait de chaux.

Comme antiseptiques internes, on emploie :

Le sulfate de fer en solution à 2 p. 100, comme breuvage pour la volaille ;

Le soufre mélangé au sulfate de soude pour les porcs, à la dose d'une cuillerée par jour et par tête ;

L'acide salicylique pour les bœufs et les moutons, à la dose de 20 centigrammes à 1 gramme par tête et par jour ;

L'acide phénique en solution comme ci-après :

Acide phénique....................	10 grammes.
Eau-de-vie.......................	1 petit verre.
Eau.............................	1 litre.

Principalement employé contre le rouget des porcs, à la dose de 3 à 6 cuillerées à bouche par jour selon la grosseur du porc.

BOITERIE DU CHEVAL

La boiterie chez le cheval peut être déterminée par une foule de causes qu'il n'est pas toujours facile de reconnaître. Ces causes peuvent être dues : 1° à des maladies du pied, telles que : le crapaud, la fourchette échauffée, le javart, la bleime, le clou de rue et l'enclouure ; 2° à des efforts, écarts, foulures, etc. ; 3° à des tumeurs dures ou exostoses, telles que : les suros, les courbes, les éparvins, les formes ; 4° à des tumeurs molles ou hydarthroses, telles que : les molettes, les vessigons.

CRAPAUD

Le crapaud est une affection tenace qui se manifeste à la face inférieure du pied du cheval. La fourchette se ramollit et laisse suinter un liquide nauséabond ; bientôt le ramollissement gagne la sole, qui s'écrase et se déforme ; la matière cornée dure et élastique se trouve changée en une matière molle et caséeuse, au milieu de laquelle on trouve quelques débris de corne inaltérée.

Traitement. — Il faut souvent un temps assez long pour avoir raison du crapaud, surtout si on ne l'a pas

combattu dès le début de ses ravages. On le traite généralement, après nettoyage et amincissement de la
corne, par des applications de pâtes ou de liquides caustiques tels que les suivants :

1º Alun calciné.......... 50 grammes (Plasse).
Acide sulfurique,....... Quantité suffisante.

Pour obtenir une pâte de la consistance du miel.

M. nº 16 { 2º Sublimé corrosif,......... 16 grammes (Bouley).
Farine de froment........ 16 —
Alcool..................... Quantité suffisante.

Pour faire une pâte.

Appliquer un de ces traitements une fois par jour
pendant trois ou quatre jours ; cesser pour le reprendre
quelques jours plus tard ; et ainsi de suite jusqu'à ce
que la sole soit parfaitement repoussée et ferme. En cas
d'insuccès, avoir recours au vétérinaire, qui instituera, en
même temps qu'un traitement externe logique, un traitement interne arsenical, souvent nécessaire pour obtenir un résultat favorable.

FOURCHETTE ÉCHAUFFÉE

La fourchette échauffée est à quelque chose près le
crapaud à son début. Le mal siège au centre de la fourchette qui se ramollit et laisse bientôt suinter un liquide
d'une odeur repoussante.

Traitement. —On découvre le siège du mal, on nettoie la plaie et on panse avec l'onguent Égyptiac jusqu'à guérison. On tient le malade sur de la litière parfaitement sèche, et si le rétablissement de la corne tarde

à s'effectuer, on remplace l'onguent Egyptiac par la pâte de Bouley.

JAVART

Lésion des parties internes du pied du cheval. Il débute par un abcès gangréneux des parties postérieures du pied ; puis le mal gagne les parties internes, s'accompagne de nécrose des cartilages, de trajets fistuleux, avec sécrétion d'un pus nauséabond. Ce mal est souvent déterminé par des atteintes.

Traitement. — Dès le début, ponction de l'abcès et injections de liqueur de Villate. Agrandir le trajet fistuleux et porter la liqueur de Villate à l'aide de mèches de charpie jusque sur le cartilage nécrosé. Dans la plupart des cas, lorsque le mal est profond, on est forcé d'avoir recours à un vétérinaire.

BLEIMES SÈCHES ET SUPPURÉES

Meurtrissures des tissus sous-cornés de la sole dans la région des talons, s'accompagnant d'abord d'un épanchement de sang et ensuite de suppuration. On l'observe le plus souvent aux pieds antérieurs et aux talons internes. Elle est souvent déterminée par une ferrure défectueuse ou par une mauvaise conformation de la sole.

Traitement. — Amincissement de la corne ; ferrure appropriée ; onguent de pied dans la bleime sèche. Amincissement et débridement dans la bleime suppurée, lavages à la liqueur de Villate, puis application d'onguent de pied.

CLOU DE RUE

Lésion du pied, déterminée par l'introduction d'un clou, d'un débris de verre, d'un caillou tranchant dans la sole. Cette affection est peu grave lorsque la blessure est peu profonde et se trouve située sur les parois latérales du pied et surtout en avant. Elle est très grave, au contraire, toutes les fois que le clou est entré profondément et a atteint les parties vives, dans la portion centrale du pied. Alors la fièvre apparaît, la douleur s'accentue et la boiterie devient très prononcée. Il se forme bientôt un foyer de suppuration sur toute l'étendue de la partie lésée.

Traitement. — Dans le premier cas, on se contente d'amincir la corne et de panser la plaie avec l'onguent de pied au goudron. Dans le second cas, il est prudent d'avoir immédiatement recours à un vétérinaire, si on ne veut pas voir le mal occasionner rapidement de graves désordres.

EFFORTS, ÉCARTS, BOULETURES

Distension des muscles provoquée par des efforts violents, des chutes, des glissades, etc. Le siège du mal varie selon les cas ; il peut avoir lieu au genou, au jarret, aux reins, à l'épaule, où il prend le nom d'écart, au boulet, où il prend le nom de bouleture. Il existe de la tuméfaction, une sensibilité douloureuse, de la boiterie.

Traitement. — Tout d'abord, irrigations d'eau froide,

puis application répétée à deux jours d'intervalle de *pommade résolutive de biiodure de mercure* sur le siège du mal. Repos le plus complet et le plus long possible.

TUMEURS DURES OU EXOSTOSES

Les exostoses se présentent sous forme de protubérances dures attenantes aux os, immobiles par conséquent, et amenant une déformation des membres du cheval très préjudiciable à sa vente. Selon la place qu'elles occupent sur le membre du cheval, elles prennent des noms variables, tels que : *courbe, éparvin, jarde,* pour celles du jarret ; *suros,* pour celle du canon ; *forme,* pour celle de la couronne.

Traitement. — Friction pénétrante de quelques minutes sur la tumeur avec la pommade résolutive au biiodure de mercure ; deuxième friction plus légère au bout de quatre jours. Trois semaines après, renouveler les frictions, s'il y a lieu, et continuer ainsi tous les quinze ou vingt jours par des applications de plus en plus légères, jusqu'à dissolution complète de la tumeur. Ce traitement est applicable à toutes les formes d'exostoses.

TUMEURS MOLLES OU HYDARTHROSES

Ce sont des tares dues à un épanchement séreux provoqué par l'inflammation des synoviales articulaires ou tendineuses. Elles se montrent au niveau des articulations ou sur le parcours des tendons, sous forme de légères protubérances molles et plus ou moins sensibles.

Selon leur siège, on les nomme : *molettes*, quand elles se trouvent situées au niveau du boulet et le long du canon; *vessigons*, quand elles sont localisées au niveau du genou et du jarret.

Traitement. — Applications légères par périodes rapprochées de la pommade résolutive au biiodure de mercure. Les molettes à leur début peuvent disparaître sous l'effet combiné de frictions à l'alcool camphré et de compressions méthodiques à l'aide de bandelettes.

OSTÉITE, COUPS DE PIEDS

L'ostéite est une inflammation des os; elle est en général déterminée par des coups de pieds. Il existe de la tuméfaction avec sensibilité douloureuse plus ou moins prononcée. Assez souvent il se développe au point lésé une tumeur osseuse dure.

Traitement. — Douches prolongées, immersion dans l'eau courante, applications d'abord légères de pommade résolutive au biiodure de mercure et plus complètes ensuite, s'il y a tumeur.

CREVASSES

Affection de la face postérieure des pâturons chez le cheval, caractérisée par des fentes transversales, sièges d'ulcères plus ou moins profonds laissant suinter un pus fétide.

Traitement. — Application dès le début d'onguent de pied au goudron; plus tard, si le mal ne cède pas, application de liqueur de Villate étendue de son volume d'eau. Les lavages avec la solution de poudre de Knaup sont aussi très efficaces.

BLESSURES DE HARNAIS

On peut les diviser en deux catégories :

1° *Blessures par excoriation* : superficielles, sans gravité, guérissant d'elles-mêmes ou par des applications d'eau salée ;

2° *Blessures par contusion* : machures profondes dues le plus souvent à la mauvaise conformation des harnais et déterminant quelquefois des abcès se compliquant d'ulcère et de nécrose des os. C'est ainsi que prennent naissance le mal de taupe, le mal de garrot et le mal d'encolure.

Traitement. — Dès le début, application d'emplâtre d'argile délayée dans du vinaigre. Si un abcès s'est formé, il faut hâter sa maturité par des applications de graisses émollientes, l'ouvrir ensuite et déterminer sa cicatrisation par des injections et des lavages faits avec

Poudre de Knaup....................... 5 grammes.
Eau.................................... 1 litre.

Si, au bout de quelques jours, le mal n'avait pas de tendance à s'améliorer, remplacer la solution précédente par de la liqueur de Villate ; enfin appeler un vétérinaire en cas d'insuccès.

COURONNEMENT DU GENOU

Accident fréquent chez les chevaux trotteurs. Les effets en sont plus ou moins graves : 1° le poil est simplement arraché ; 2° il existe une plaie superficielle peu contuse ; 3° il existe une plaie profonde avec une contusion très prononcée des tissus voisins et sous-jacents.

Traitement. — Dans le premier cas, rien à faire.

Dans le second, douches prolongées d'eau froide ou immersion dans eau courante, puis lavages à l'eau salée.

Dans le troisième cas, douches très prolongées ou immersion dans eau courante également très prolongée. Enfin application de l'onguent excitant cicatrisant suivant :

Cantharides pulvérisées............	2	grammes.
Camphre..........................	5	—
Créoline	2	—
Térébenthine.....................	25	—
Jaune d'œuf	N° 1	

COLIQUES DU CHEVAL

Les coliques peuvent être occasionnées par des causes très diverses qu'il n'est pas toujours facile d'apprécier. Quand elles sont dues à la présence des vents dans l'intestin, à la constipation, à une névralgie intestinale, à l'action du froid, à une surcharge d'aliments, elles sont souvent fort peu dangereuses ; elles sont extrêmement graves, au contraire, lorsqu'elles sont occasionnées par une invagination, une hernie, une hémorrhagie, ou la présence de corps étrangers dans les voies digestives.

Traitement. — Promener l'animal ; lui frictionner le ventre avec du vinaigre tiède ; lui faire prendre en deux fois, à une demi-heure d'intervalle, la préparation suivante :

Camomille ou thé........ 20 grammes.
Eau bouillante.......... 1 litre 1/2.

Laissez infuser et ajoutez :

Éther .... 2 cuillerées à bouche.

Si les coliques étaient produites par des helminthes ou vers intestinaux du cheval, on se trouverait bien d'ajouter à la préparation ci-dessus une cuillerée à bouche d'essence de térébenthine.

On administre en même temps un lavement excitant avec :

Sel de cuisine..................... 2 poignées.
Vin rouge......................... 1/2 litre.
Eau.............................. 1 —

Si, au bout de quelque temps, le mieux ne se faisait pas sentir, on appellerait sans retard un vétérinaire, et en l'attendant on pratiquerait des frictions irritantes sur tout le corps et principalement à l'aide d'essence de térébenthine ou de vinaigre chaud.

On a vendu énormément en France de spécifiques contre la météorisation des ruminants, les coliques des bœufs et des chevaux. La réputation de ces spécifiques provient de ce qu'ils répondent à toutes les indications par une association bien comprise des médicaments qui les composent. Ils répondent en général à la formule suivante :

SPÉCIFIQUE CONTRE LES COLIQUES ET LA MÉTÉORISATION

Essence de térébenthine.............	20 grammes.
Ether...............................	20 —
Ammoniaque,........................	40 —
Teinture d'asa fœtida.............	20 —
Teinture d'aloès..................	20 —
M. S. A.	

En faire prendre une à deux cuillerées à bouche pour un bœuf gonflé.

Une cuillerée à café pour un mouton gonflé.

Une forte cuillerée à bouche pour un cheval souffrant de coliques.

POUSSE DU CHEVAL

SON TRAITEMENT

Faire prendre au cheval poussif, matin et soir, un des paquets suivants, répandu sur son avoine :

Acide arsénieux.................	60 grammes.
Poudre de digitale.............	60 —
Poudre de jusquiame............	380 —

Diviser en 100 doses.

Administrer ce médicament pendant 25 jours, cesser vingt jours et recommencer. Diminuer la ration de foin et donner la paille à volonté.

GALE DU CHEVAL

Cette affection est déterminée par des acares, petits insectes qui pullulent à la surface de la peau, s'y creusent des sillons, s'enfoncent sous la peau pour y déposer leurs œufs et déterminent cette démangeaison et cette poussée de petits boutons qui caractérisent la gale.

Deux sortes d'acares se multiplient sur le cheval : le sarcopte et le psoropte; d'où deux sortes de gales : la gale sarcoptique, qui peut se communiquer à l'homme et qui envahit presque toutes les parties du corps de l'animal; la gale psoroptique, qui se localise à l'encolure, aux épaules et sur le dos.

Traitement. — Ces deux sortes de gales peuvent se traiter de la même façon, ainsi qu'il suit; cependant le traitement suivant est plus spécial à la gale psoroptique :

Faites une bonne friction sur tout le corps de l'animal avec du savon noir et de l'eau tiède pour enlever la crasse et briser les sillons où la gale s'est introduite. Le lendemain, frictionnez la partie antérieure du corps de l'animal, le surlendemain la partie postérieure avec la mixture suivante :

Huile de pétrole............... Un tiers de litre.
Essence de térébenthine........   —
Huile de noix..................   —

Vingt-quatre heures après, savonnez de nouveau l'animal et laissez-le reposer sur de la litière propre et sèche.

Préalablement, vous aurez débarrassé l'écurie de son

ancienne litière et blanchi à la chaux les murs et l'auge.
Nettoyez également les harnais à la lessive bouillante.

COLIQUES DU BŒUF

Les coliques sont plus rares chez le bœuf que chez le
cheval ; cependant le bœuf, par sa constitution spéciale et
par son état de ruminant, est sujet à des états morbides
particuliers du système digestif dont les principaux sont :

1° L'arrêt de la rumination ;

2° La météorisation.

Arrêt de la rumination. — Quand l'arrêt de la rumination n'est que la conséquence d'une indigestion, survenue
par un travail trop précipité et trop violent peu de
temps après le repas, il cède généralement sous l'effet
du repos, des breuvages toniques et excitants. Quand il
n'est que le symptôme d'une autre affection voisine, il
est subordonné à la marche de cette affection et devient
plus difficile à soigner sans le secours de l'homme de l'art.

Quand l'arrêt de la rumination est indépendant de
toute autre affection, on observe les symptômes suivants : le malade est triste et se plaint, la rumination
cesse, la fièvre apparaît; il y a toujours plus ou moins
de ballonnement, quelquefois complète météorisation,
et l'animal refuse tout aliment.

Traitement. — Couvrir le malade de couvertures, lui
faire prendre toutes les heures le quart du mélange suivant :

Camomille ou thé...................... 30 grammes.
Eau bouillante........................ 2 litres.

Laissez infuser, passez et ajoutez :

Vin tiède.............. .... 1 litre.
Éther.............................. 2 cuillerées.

Ce liquide doit être versé d'un seul coup dans la bouche, de façon qu'il soit avalé à grandes gorgées et tombe directement dans la panse. Il n'en serait pas de même si on voulait lutter contre une indigestion stomacale proprement dite. Dans ce dernier cas, on doit tenir l'animal la tête allongée, le cou tendu, et verser le liquide par petites gorgées. Ainsi administré, le médicament arrive directement à l'estomac sans passer par la panse.

On couvre le malade de couvertures dans une étable bien close et on le frictionne par tout le corps et principalement sous le ventre avec un mélange tiède de vin et de vinaigre.

Météorisation ou ballonnement. — La météorisation ne s'observe que chez les ruminants. Elle est provoquée le plus souvent par l'ingestion de trèfle ou de luzerne encore humides et ayant déjà subi l'action d'un soleil vif et ardent. Bientôt la rumination cesse, le rumen se distend de plus en plus par l'accumulation d'une grande quantité de gaz et l'animal finit par succomber si on ne pourvoit rapidement à sa guérison, soit en ouvrant une issue aux gaz par la ponction, soit en les condensant par un alcalin quelconque.

Traitement. — Le plus sûr est la ponction du rumen à l'aide d'un trocart; le plus facile est l'administration d'une cuillerée à bouche d'ammoniaque ou d'une bonne poignée de sel de cuisine dans un litre de lait. Ne pas oublier de faire avaler rapidement, sans trop faire tendre le cou à l'animal malade.

Comme les moutons et les chèvres sont également

sujets à la météorisation, voici les doses des médicaments qui leur conviennent : une cuillerée à café d'ammoniaque ou une cuillerée à bouche de sel dans un verre de lait.

Dans beaucoup de fermes, on a toujours sous la main un spécifique contre les coliques et la météorisation. Ce spécifique est d'un effet certain contre la météorisation et en plus de cela il est d'un grand secours contre la colique des chevaux.

RÉTENTION D'URINE

Affection assez commune chez le bœuf, déterminée en général par l'arrêt dans le canal de l'urèthre d'une concrétion calculeuse d'un volume trop considérable pour pouvoir franchir le canal. La vessie se remplit d'urine, se distend considérablement et devient douloureuse. L'animal fait des efforts inutiles pour uriner, il est anxieux, se lève et se couche sans cesse ; il se frappe le ventre de ses pieds de derrière. Si on explore la vessie, on la trouve considérablement distendue et résistante. Bientôt elle se rompt et l'épanchement interne de l'urine détermine des complications mortelles.

Traitement. — Appeler sans retard un vétérinaire qui pourra sauver l'animal en extrayant le calcul et en donnant issue à l'urine par une opération ; c'est la seule façon de sauver le malade et un vétérinaire seul est à même de la mener à bien.

HÉMATURIE DE L'ESPÈCE BOVINE, PISSEMENT DE SANG

C'est une conséquence de l'inflammation chronique des reins ou de la vessie, due à une altération du sang provoquée par une nourriture défectueuse. Les pays marécageux, au sol imperméable et humide, produisant de mauvais foin plein de joncs, de carex et de plantes très aqueuses et très acides, fournissent le plus gros contingent d'animaux atteints de cette maladie. On la voit aussi régner dans les pays où l'on envoie les animaux pacager dans les bois. Les animaux atteints de cette maladie rendent une urine d'abord rose, puis de plus en plus rouge et chargée de sang; ils maigrissent de plus en plus et finissent par succomber après avoir traîné pendant un temps plus ou moins long.

Traitement préventif. — Il consiste à assainir les pacages en pratiquant des tranchées pour l'écoulement des eaux et en diminuant l'humidité et l'acidité du sol, par des cendres, des résidus de chaux, de la suie ou des scories de déphosphoration. Les cultivateurs qui habitent de tels pays devront éviter d'acquérir des animaux élevés dans des pâturages gras et fertiles.

Traitement curatif. — Assez incertain. Donner une nourriture saine, rafraîchissante, de l'eau blanchie à la farine d'orge, beaucoup de petit-lait et de lait caillé. Toutes les fois que l'on fait cuire des pommes de terre pour les porcs, en écraser une certaine quantité quand elles sont cuites, les mettre encore chaudes dans un petit sac et les placer sur les reins de la bête malade.

Donner en trois fois dans la journée une cuillerée à bouche du mélange suivant, émulsionné avec un peu de lait:

	Sous-carbonate de fer............	50 grammes:
M. nº 17	Térébenthine	250 —
	Jaune d'œuf	Nº 4

On a obtenu également de très bons effets par l'emploi de l'eau de Rabel, donnée à la dose de 50 grammes par jour en deux fois, matin et soir, mélangée chaque fois à un litre d'eau.

DIARRHÉE DES JEUNES VEAUX, POULAINS ET AGNEAUX A LA MAMELLE

Affection grave, fréquente, souvent mortelle lorsqu'on ne la combat pas énergiquement dès son début. Elle affecte de préférence les jeunes veaux.

La cause de cette maladie tient souvent à l'état de la mère, surchargée de travail ou échauffée par une mauvaise nourriture; aussi un bon moyen de prévenir cette maladie consiste à bien soigner les mères nourricières, à les laisser au repos et à leur donner une nourriture rafraîchissante.

Traitement. — Faire prendre aux malades pendant deux fois, à deux jours d'intervalle, le matin à jeun, de la crème de tartre soluble à la dose de 75 grammes pour un poulain, 50 pour un veau et 20 pour un agneau. Ou même encore avoir recours de suite à la poudre Guérault, spécifique contre la diarrhée des jeunes animaux, dont la grande réputation répond de l'efficacité certaine.

ANÉMIE

L'anémie est caractérisée par une diminution des globules rouges du sang, causée soit par la mauvaise nourriture et les privations, soit par une affection parasitaire. L'animal atteint d'anémie a le poil terne, les muqueuses décolorées, la conjonctive de l'œil jaunâtre, l'allure fatiguée.

Traitement. — Alimentation saine et tonique ; excitants, gentiane, tourteaux, sel de cuisine, ferrugineux, baies de genièvre.

PROVENDE EXCITANTE ET TONIQUE

Farine d'orge....................	1 kilogramme.
Farine d'avoine...............	1 —
Gentiane......................	60 grammes.
Sel	1 poignée.

À faire prendre par jour pour réveiller l'appétit des bêtes à l'engrais ou en convalescence.

PROVENDE FERRUGINEUSE

Sulfate de fer pulvérisé..........	250 grammes.
Carbonate de soude..............	250 —
Gentiane.......................	500 —
Son	2 kilog.

Mélangez et mouillez légèrement avec infusion de centaurée, sauge, absinthe ou saule.

Doses. — Deux petites poignées pour un cheval, deux bonnes poignées pour un bœuf, deux poignées pour cinq moutons ou pour cinq veaux.

Cette dernière préparation rend les plus grands services dans tous les cas où les ferrugineux sont indiqués ;
dans les cas d'anémie, appauvrissement du sang, ca-
chexie, suites de part laborieuse. Elle peut être employée avantageusement pour aider les dindons à mettre
le rouge, à la dose d'une cuillerée à bouche pour quatre
têtes de volatiles et par jour. On peut être sûr qu'elle
évitera par ses bons effets une perte souvent considérable et de beaucoup supérieure à la mise de fond. Pour
les jeunes veaux et les vaches, on a tout avantage à
y ajouter 200 grammes de phosphate de chaux par
dose.

PIÉTIN

Maladie contagieuse du mouton, caractérisée par un
ulcère se localisant sous l'onglon et en déterminant la
chute. Les saisons pluvieuses en favorisent le développement.

Traitement. — Séparer les animaux malades des animaux sains par une simple cloison dans la même écurie.
Enlever la vieille litière contaminée et la remplacer par
une autre très épaisse et sèche. Déposer sur le seuil de
la porte une caisse bien remplie de poussière de chaux
vive, dans laquelle les animaux sont forcés de passer,
lorsqu'ils vont au pâturage et qu'ils en reviennent. La
chaux assèche le pied, complète le pansement et empêche l'animal de semer partout dans les pacages de nombreux germes de son mal.

Panser tous les jours les pieds malades après débridement de la plaie en touchant les parties ulcérées à

l'aide d'un petit tampon de charpie, lié au bout d'une petite baguette et imbibé de l'onguent contre le piétin suivant :

Sulfate de cuivre pulvérisé.....	50 grammes.
Vert-de-gris pulvérisé........	10 —
Térébenthine..............	30 —

Essence de térébenthine, quantité suffisante pour obtenir une pâte semi-liquide.

NOIR MUSEAU

Gale du nez du mouton et de la chèvre. Maladie parasitaire qui envahit spécialement et exclusivement le nez des petits ruminants.

Traitement. — Les applications d'huile de cade pure ou mélangée d'un peu d'huile amènent une prompte guérison.

TOURNIS

Cette maladie, qui se rencontre quelquefois chez le bœuf, est surtout spéciale au mouton. Elle est déterminée par la présence d'un ver dans les lobes cérébraux du mouton, qui tourne sur lui-même, se renverse en arrière ou se précipite en avant la tête basse, suivant la place occupée par le ver.

Cette maladie a pour première cause la présence d'une sorte de tœnia dans l'intestin des chiens qui accompagnent le troupeau. Les œufs de ce tœnia répandus sur l'herbe des pâturages sont absorbés par les moutons et prennent dans leur cerveau la forme intermédiaire du cœnure avant de redevenir tœnias dans l'intestin du chien.

Cette maladie est incurable, ou du moins ne peut être guérie que par la trépanation ; mais elle peut être prévenue efficacement en faisant suivre aux chiens de garde le traitement vermifuge suivant :

POUDRE VERMIFUGE CONTRE LE TÆNIA DES CHIENS ET DES PORCS

Poudre de racine de fougère mâle...	15 grammes.
Calomel..............................	0 gr. 40 centigr.
Gomme-gutte.........................	0 — 40 —

Diviser en 6 doses.

A faire prendre deux toutes les heures le même matin dans de la pâtée. — Détruire avec soin les déjections des chiens.

CHOLÉRA DES VOLAILLES

Maladie épidémique microbienne qui s'attaque aux volailles et en détruit un grand nombre. Les malades sont tristes, leurs plumes sont hérissées, leur crête rouge foncé noirâtre, leur foie congestionné et noir.

Traitement. — Il ne peut être que préventif, les volailles déjà atteintes succombant presque toujours. Il consiste à brûler les cadavres des malades ayant succombé, à user de lavages et de breuvages antiseptiques. Le poulailler, préalablement bien nettoyé, est lavé avec une solution d'acide sulfurique à 1/100° ; tous les jours suivants on y fait une aspersion avec la même eau. Les breuvages consistent en une solution de 20 grammes de sulfate de fer par litre d'eau.

Certains spécifiques, comme la poudre gallinacine de Lapouyade-Dupuis, ont acquis une grande réputation dans le traitement de cette maladie.

DIPHTÉRIE DES VOLAILLES, PÉPIE

La pépie est une maladie contagieuse, commune aux poules, aux pigeons et à quelques autres volatiles. La volaille atteinte de cette maladie est triste, ses plumes sont hérissées ; elle ouvre fréquemment le bec, cesse de chercher sa nourriture et dépérit ; on observe de fausses membranes sur la langue, le larynx et l'œsophage et un abcès purulent au-dessus des narines.

Traitement. — Pour éviter la contagion, désinfecter le poulailler avec une solution d'acide sulfurique à 1/100°. Donner comme boisson de l'eau contenant quarante gouttes d'acide sulfurique par litre. Mélanger aux aliments de toute la basse-cour une cuillerée à bouche de soufre par vingt têtes de volatiles. Enfin, précaution essentielle, faire une copieuse fumigation de goudron ou de térébenthine dans le poulailler, le soir, avant la rentrée des poules.

ROUGE DES DINDONS

Les dindons ont une époque critique dans leur vie, c'est celle où leurs caroncules poussent et s'injectent de sang ; c'est celle où ils mettent le rouge. A cette période de leur existence, ils meurent en grand nombre si on n'a soin de leur faire prendre préalablement toniques et ferrugineux.

La poudre suivante, administrée quelque temps avant l'époque critique, fortifie les dindons et empêche toute mortalité ; on peut en garantir les résultats certains. Elle se donne à la dose quotidienne d'une cuillerée à bouche pour dix dindons, mélangée à de la pâtée de son et d'orties fraiches.

POUDRE POUR LE ROUGE DES DINDONS

Sous-carbonate de fer..........	100 grammes.
Gentiane.......................	300 —
Quinquina.....................	100 —

Mélanger.

GOUTTE DES VOLAILLES

Cette maladie, appelée également gale des pattes des volailles, est parasitaire ; elle attaque les pattes, qu'elle rend squameuses, suintantes, hypertrophiées.

Traitement. — Des applications de pommade d'Hel-merich ont promptement raison de cette affection.

LOQUE

La loque est une maladie épidémique qui atteint les abeilles vers le commencement du printemps, dans certaines années favorables au développement du microbe de cette épidémie. Les abeilles meurent alors en grand nombre.

On peut les préserver de cette maladie et les en guérir en mettant à leur portée du sirop de sucre dans lequel on aura mélangé par litre 50 centigrammes de naphtol dissous dans un peu d'acool.

POUX

On détruit les poux des gros animaux en lotionnant les parties de leur corps envahies par ces insectes ainsi que leurs harnais avec la décoction suivante :

Tabac............................ 80 grammes.
Eau............................. 1 litre.

Faites bouillir en laissant réduire d'un tiers.

Pour les bœufs et les ânes, on peut employer le procédé suivant : enduire une vieille corde usée ou une corde de filasse d'onguent gris et la passer en collier dans le cou de la bête. Les poux voyageant constamment de la tête aux épaules viennent forcément périr dans l'onguent mercuriel.

Le procédé suivant est encore très efficace : oindre les parties atteintes par les poux avec le mélange suivant :

Noix vomiques pulvérisées........ 30 grammes.
Huile........................... 1/2 litre.

Pour chasser les poux des poulaillers et de dessus les volailles, on dispose des petits tas de sable et de cendres mélangés dans la basse-cour ; les poules viennent s'y rouler avec délices et l'âcreté de la cendre les débarrasse de leur vermine. En plus de cela, il est nécessaire de brûler par deux fois un peu de soufre dans le poulailler bien clos. On n'y laisse entrer les volailles qu'après l'avoir bien aéré.

MALADIES DU PORC

Au point de vue des soins que les éleveurs peuvent apporter à leurs cochons malades, on peut classer leurs maladies ainsi qu'il suit :

1° Les maladies inflammatoires des voies aériennes : *bronchite, broncho-pneumonie, fluxion de poitrine, pleurésie, angine, esquinancie ;*

2° Les maladies inflammatoires des voies digestives : *constipation, diarrhée, dysenterie, entérite, aphte ;*

3° Les maladies vermineuses et épidémiques, *cocotte, rouget charbonneux, fièvre charbonneuse, angine charbonneuse, glossanthrax, ladrerie, bronchite vermineuse.*

Avant d'entrer dans la description de ces affections, il nous faut dire deux mots du traitement préventif à leur opposer et expliquer l'effet des quelques médicaments employés presque exclusivement dans la médecine domestique du porc.

Le traitement préventif à opposer aux maladies ordinaires consiste dans l'observation stricte des règles de l'hygiène. A un animal aussi fragile et si susceptible, il faut une habitation saine, sèche et très aérée. Il craint le froid humide et les chaleurs torrides ; son habitation et ses ouvertures doivent donc être exposées au levant. L'hiver, son toit doit être bien clos et sa litière bien épaisse. L'été, on doit lui procurer la fraîcheur qui lui est favorable par des baignades ou des aspersions fréquentes et tenir son écurie aérée et bien propre.

Contre les maladies épidémiques, on doit avoir recours à l'isolement des malades d'abord, aux antiseptiques ensuite. Parmi ces derniers, les plus à préconiser sont les fumigations de goudron, les solutions au 1/100e d'acide phénique pur à la dose de 4 à 6 cuillerées à bouche par jour et certains spécifiques ayant fait déjà leurs preuves, tels que le *sel antiseptique du Bonhomme Deschamps.*

Les principaux moyens de traitement que l'éleveur peut employer avec succès sont :

1° La saignée, que les empiriques emploient à tort et à travers, qui possède un effet très salutaire dans bien des cas, mais qui doit être employée néanmoins avec discernement et seulement sur les sujets pléthoriques, c'est-à-dire sanguins, aux muqueuses colorées. La saignée trouve son application dans tous les cas de maladies inflammatoires internes ; dans certains cas cependant elle est contre-indiquée dans la pleurésie ;

2° Les applications d'onguent vésicatoire, qui sont très employées par habitude, mais qui, vu leurs nombreux inconvénients, doivent laisser la place aux applications de moutarde et d'onguent révulsif stibié ;

3° Les applications de moutarde et d'onguent stibié, qui agissent de la même façon et qui doivent être employés comme dérivatifs, concurremment avec la saignée, dans les cas de bronchite, broncho-pneumonie, pleurésie, fluxion de poitrine. La moutarde est bien le préférable de tous les exutoires, son action est prompte et efficace, malheureusement elle est difficile à appliquer sur le porc, puis elle nécessite une surveillance attentive pour que son action ne dépasse pas l'effet voulu. Pour toutes ces raisons, on lui préfère souvent l'onguent révulsif stibié, possédant également une action énergique, sûre et prompte, qui détermine immédiatement une rougeur intense de la peau, suivie de l'apparition de gros boutons rouges qui disparaissent ensuite sans laisser de complications;

4° Les frictions rubéfiantes sur les quatre membres, pour aider la saignée et l'onguent révulsif dans leur action dérivatrice. Ces frictions se font à l'aide de vinaigre fort, d'essence de térébenthine ou de liniment ammoniacal;

5° Les lavements irritants et purgatifs, qui agissent eux-mêmes en attirant le sang sur l'intestin, débarrassant ainsi les organes antérieurs congestionnés. Ces lavements sont contre-indiqués dans toutes les maladies des voies digestives, entérite, gastro-entérite, inflammation d'intestins, diarrhée, dysenterie. Ils se font avec une dissolution d'une cuillerée à bouche de sel de cuisine, ou mieux avec de l'eau de savon ;

6° Les breuvages contro-stimulants et diffusibles employés dans toutes les maladies inflammatoires des voies respiratoires. Ils se font en faisant dissoudre 3 à 4 grammes de sel de nitre et 1 gramme d'émétique dans une tisane émolliente de bourrache ou de mauve à prendre dans la journée.

Ainsi, l'éleveur qui, en présence d'une bronchite, broncho-pneumonie, fluxion de poitrine ou pleurésie, impossibles à différencier par lui, aura appliqué le principe du traitement ci-dessus, c'est-à-dire l'application de la pommade stibiée sur le dessous et les côtés de la poitrine, les frictions à l'essence de térébenthine sur les membres, le lavement irritant à l'eau de savon, les breuvages d'eau

de mauves miellée contenant 1 gramme d'émétique et
4 grammes de sel de nitre, cet éleveur, disons-nous, aura
appliqué un traitement rationnel possédant une efficacité certaine et commune aux maladies ci-dessus.

Dans les maladies de l'intestin, dans les congestions
cérébrales, les coups de sang, les paralysies, les frictions
irritantes sur les membres sont encore indiquées, mais
non les révulsifs.

Les autres médicaments susceptibles d'être employés
sont indiqués plus loin, dans la description de la maladie
où ils trouvent leur emploi.

BRONCHITE, BRONCHO-PNEUMONIE, FLUXION DE POITRINE

Symptômes communs à ces maladies. — Les malades
sont atteints de frissons, de gêne dans la respiration ;
leur peau est sèche et chaude, leurs poils hérissés ; leur
appétit diminue. Ils sont tristes et font entendre constamment des grognements plaintifs. Ils sont abattus et
dans une complète prostration dans tous les cas. La
toux est quinteuse et suffocante dans la bronchite aiguë,
elle est moins prononcée dans la fluxion de poitrine et
dans la pleuro-pneumonie.

Traitement. — Placer les malades dans un local chaud
et aéré, sur une épaisse litière ; faire des frictions de
pommade révulsive stibiée sur la poitrine et sur les
côtés, des frictions d'essence de térébenthine sur les
membres. Donner des lavements irritants d'eau de savon
dans les cas graves et des breuvages adoucissants contenant :

M. n° 18
$$\begin{cases} \text{Émétique} \dots\dots\dots\dots\dots\dots & \text{1 gramme.} \\ \text{Sel de nitre} \dots\dots\dots\dots\dots\dots & \text{3} \quad - \end{cases}$$

Fumigations journalières de goudron, de térébenthine ou de genièvre. Les jours suivants, nourriture légère saupoudrée d'un peu de soufre.

ANGINE, ESQUINANCIE

Mal de gorge, se compliquant rapidement d'une inflammation intense et de tuméfaction des parties avoisinant l'arrière-gorge.

L'animal est triste et abattu, sa respiration est fréquente et difficile, ses grognements sont enroués, la toux survient, la gorge se tuméfie et devient douloureuse, les aliments sont refusés. Si on observe la bouche, on la trouve parsemée, ainsi que l'arrière-gorge, de taches rougeâtres d'où s'échappe une mucosité épaisse et filante. Cette affection se complique souvent de broncho-pneumonie et quelquefois de gangrène.

Traitement. — Il est urgent d'attaquer cette maladie dès son début. On doit se hâter de saigner les malades sanguins et vigoureux aux oreilles et à la queue, de leur administrer un lavement d'eau de savon et de leur frictionner les membres et le dessous de la gorge d'essence de térébenthine. En second lieu, on leur fait subir des fumigations, d'abord émollientes avec des décoctions de mauves par exemple, puis astringentes avec du goudron ou du genévrier projeté sur des charbons ardents. Les jours suivants, on purge légèrement les malades en leur faisant prendre dans leur nourriture 30 à 60 grammes de sulfate de soude, selon leur grosseur.

DIARRHÉE

Cette affection, dont on n'a pas à décrire les symptômes, est due le plus souvent aux variations brusques de température, au froid humide des logements insalubres et mal orientés, dans les années pluvieuses, à la mauvaise constitution des mères nourricières, nourries d'aliments de mauvaise qualité, à l'ingestion de boissons trop froides. Elle attaque de préférence les jeunes gorets encore à la mamelle ou à peine sevrés, qu'elle fait périr en grande quantité.

Traitement. — Si les porcelets sont encore à la mamelle, le traitement consiste à mélanger aux aliments de la mère 8 grammes de bicarbonate de soude. Le sel alcalin neutralise les éléments irritants du lait, facilite la digestion des petits et diminue l'exagération de la sécrétion intestinale, qui n'est due qu'à l'excès d'acidité du suc gastrique. Si le mal persiste, en outre du traitement ci-dessus, on fait prendre au porcelet des décoctions de riz épaissies avec un peu de farine. Enfin, en cas d'insuccès, on a recours à la poudre Guérault.

Pour les cas de diarrhée survenant chez les porcs adultes, les saigner comme il est dit à l'article Dysenterie.

DYSENTERIE

Cette affection apparaît sous deux formes bien distinctes : la forme bénigne et isolée, la forme grave et épidémique.

La dysenterie dans sa forme bénigne présente les symptômes de la diarrhée dans son état suraigu. Elle a ceci de particulier qu'elle n'est que le symptôme d'une inflammation plus ou moins intense de l'intestin, qu'il faut traiter en même temps qu'elle.

Traitement. — Demi-diète ; légères saignées journalières à la queue et aux oreilles ; poudre antidiarrhéique Guérault jusqu'à arrêt du flux intestinal ; nourriture journalière préparée avec décoction d'écorce de saule. Combattre ensuite l'inflammation intestinale qui persiste par l'emploi fréquent de petites doses de sulfate de soude mélangé aux aliments.

Pour le traitement de la dysenterie grave, avoir recours à un vétérinaire.

INFLAMMATION INTESTINALE, ENTÉRITE

L'entérite est une maladie dangereuse, souvent mortelle, qui débute par une constipation opiniâtre et se termine au bout de quelques jours par une diarrhée intense amenant la mort.

Les malades sont tristes, abattus et plaintifs. Ils recherchent les boissons froides et refusent toute nourriture. Ils ont l'œil terne, la peau rouge et chaude, le ventre sensible à la pression. Ce dernier symptôme est très tranché dans l'entérite, on doit donc l'étudier avec soin avant de procéder au traitement de cette maladie.

Traitement. — Saigner les malades aux oreilles ; leur faire prendre le plus possible de petit-lait, d'eau blanchie et vinaigrée. Les purger légèrement et tous les jours avec 20 à 30 grammes de sulfate de soude ; leur

donner des lavements journaliers à la graine de lin
d'abord, à l'écorce de chêne ensuite, quand la diarrhée
survient. Enfin leur répandre plusieurs fois par jour sur
le groin et sur la bouche de l'eau vinaigrée.

MALADIES CONTAGIEUSES

Dans les maladies contagieuses, lorsque le mal est
dans la place, il faut se hâter d'appeler un vétérinaire ;
mais si l'écurie est encore indemne, dès qu'on s'aperçoit
que la maladie sévit dans les environs, il faut instituer
de suite les soins préventifs cités plus haut : soins de
propreté, fumigations, lavages des écuries à l'eau phéniquée, préparations antiseptiques à l'acide phénique,
sel antiseptique du Bonhomme Deschamps. Isolement des
malades, destruction immédiate des cadavres par le feu.

MALADIES PARASITAIRES

Bronchite vermineuse du porc. — La bronchite vermineuse du porc a absolument les mêmes symptômes que
la bronchite ordinaire : toux sèche et quinteuse, amaigrissement, manque d'appétit, mais elle s'en différencie
par la présence de petits vers filiformes dans les voies
respiratoires du cochon. Ces petits vers se retrouvent
dans les mucosités que les malades rejettent par les
narines et par la bouche ; c'est là qu'il faut les chercher
avec soin pour pouvoir conclure avec certitude à la
bronchite vermineuse.

Traitement. — Faire des fumigations internes de goudron, d'essence de térébenthine, de baies de genièvre, qui asphyxient les vers en partie et provoquent des contractions thoraciques violentes qui les expulsent. Mélanger aux breuvages journaliers de chaque malade adulte une cuillerée à bouche de la poudre suivante :

Suie......................... 12 grammes.
Soufre......................... 6 —

Diminuer la dose selon l'âge, n'en donner que la moitié à un porc de trois mois. Continuer le traitement pendant un mois ; séparer les animaux malades de ceux en bonne santé.

LADRERIE

La ladrerie est constituée par la présence dans les tissus du porc de larves d'un tœnia vivant chez l'homme, le tœnia solium ou ver solitaire.

L'homme s'infecte du ver solitaire en mangeant de la chair de porc ladre mal cuite ; le porc devient ladre en mangeant les déjections de l'homme contenant des anneaux de tœnia.

Le ver solitaire vit donc sous deux formes. A l'état de ver parfait, il se fixe à l'intestin de l'homme, s'allonge démesurément en élaborant une grande quantité d'anneaux contenant ses œufs. Ces anneaux sont expulsés avec les excréments de l'homme ; s'ils viennent à être absorbés par un porc, les œufs se transforment dans son intestin en petits embryons, qui envahissent bientôt tous les tissus de son organisme, s'y enkystent et y prennent le nom de cysticerques.

Le seul traitement à indiquer ici est le traitement préventif, qui consiste : 1° à empêcher les porcs de rôder dans les endroits où sont déposées communément les déjections des habitants de la ferme ; 2° à faire suivre un traitement immédiat aux personnes atteintes de tænia, en leur enjoignant de satisfaire à leurs besoins dans un endroit inaccessible aux porcs.

EFFICACITÉ DE QUELQUES MÉDICAMENTS VÉTÉRINAIRES. LEUR EMPLOI

Le chef d'une exploitation agricole de quelque importance doit être fixé sur l'utilité de certains médicaments ; il doit connaître leurs effets et partant leurs emplois ; il doit avoir les principaux sous la main, pour lui permettre de porter secours sans retard à ses animaux malades ou blessés.

Parmi les médicaments, les plus à préconiser sont :

Le sel de cuisine. — Excellent stimulant de l'appétit, à la dose d'une petite poignée par jour pour les gros animaux et d'une cuillerée à café pour les petits. Associé aux toniques et aux ferrugineux, il est très utile dans les convalescences ; à haute dose, il est purgatif ; donné en lavement, il purge en exerçant une action légèrement irritante sur l'intestin.

La gentiane. — Le plus utile, le plus économique, le plus efficace des toniques vétérinaires. C'est à proprement parler le quinquina des animaux. Elle fait la base de toutes les provendes toniques et fortifiantes.

L'essence de térébenthine. — Elle sert à une foule d'usages en vétérinaire. On l'emploie comme vermifuge e stimulant à l'intérieur contre les coliques. A l'extérieur c'est un révulsif dérivatif très prompt dans les cas d bronchites, foulures, tranchées, hémorrhagies et con gestions internes. Elle fait partie d'une foule de prépa rations composées.

L'ammoniaque. — A l'intérieur, c'est un stimular énergique, un antiacide et un absorbant des gaz inte tinaux. Il est précieux contre les indigestions des rumi nants compliquées de météorisation. On s'en sert égal ment pour cautériser les morsures des animaux ven meux.

L'éther, qui rend de très grands services dans le coliques et indigestions de tous les animaux et princi palement du cheval.

Le goudron. — Très utile en fumigations contre le affections de poitrine, la gourme, l'angine ; on couvr la tête de l'animal d'un sac percé et on répand au-de sous le goudron sur une pelle rougie au feu. Il entr dans la préparation de l'onguent de pied. Il peut êti utile en boissons et en lavements contre les diarrhé rebelles, à l'état de liqueur de goudron qu'on obtient d la façon suivante :

Goudron....................	50 grammes.
Cristaux de soude............	40 —
Eau........................	2 litres.

Faites bouillir deux heures en agitant ; laissez re poser et décantez.

Le sulfate de soude. — A la dose de 400 gramme c'est un excellent purgatif pour les bœufs et les chevaux

Donné par poignées de temps en temps aux chevaux échauffés par le travail, il les rafraîchit, excite leur appétit et les met en état. A la dose d'une petite poignée donnée deux fois par semaine, c'est un apéritif stimulant, très employé pour les bœufs à l'engrais.

Le sel de nitre. — Employé comme contro-stimulant dans toutes les maladies inflammatoires internes, fluxions de poitrine, pleurésies, etc. ; c'est aussi un excellent diurétique.

La pommade rouge résolutive :

Biiodure de mercure............	3 grammes.
Vaseline	25 —

Pommade fondante et résolutive très utile en vétérinaire ; elle remplace avec avantage le feu, les caustiques, les révulsifs et les préparations cantharidées, plus difficiles à manier et laissant souvent sur les places qu'elles ont occupées des marques indélébiles. Comme la teinture d'iode dans la médecine humaine, on l'emploie avec avantage dans une foule de circonstances. On varie son effet en augmentant ou diminuant le nombre et l'énergie des frictions ou encore en la dédoublant avec son poids d'huile.

Veut-on une action révulsive prompte et énergique, comme dans l'angine et la fluxion de poitrine, on en fait une friction très pénétrante de dix minutes de durée, puis au bout de quelques heures, selon l'effet produit, on enlève l'excès de pommade par un lavage au savon.

A-t-on à lutter contre des tares osseuses, des molettes, des vessigons, on fait une première friction pénétrante de cinq minutes, on en fait une autre moins énergique

quarante-huit heures après et on attend trois semaines
pour recommencer par des frictions de moins en moins
violentes jusqu'à résolution complète de la tare ; il faut
quelquefois de la patience, mais le succès couronne
toujours la persévérance. Contre les coups de pieds, il
n'en faut qu'une seule application plus ou moins énergique, selon la gravité de la contusion. Contre les engor-
gements ganglionnaires, les épanchements séreux, les
efforts de boulet, il est bon de l'employer étendue de
moitié huile.

L'onguent révulsif stibié. — Très employé dans la
médecine du porc, en frictions sur la poitrine et sur les
côtés. Il remplace avec infiniment d'avantage l'onguent
vésicatoire et la moutarde dans les cas de fluxions de
poitrine, bronchite, pleurésie, etc.

La poudre de Knaup :

Sulfate de fer.....................	100	grammes.
Alun............................	100	—
Chlorhydrate d'ammoniaque.....	6	—
Sulfate de zinc..................	6	—
Oxyde de cuivre.................	6	—

Cette poudre astringente et tonique est très employée
pour la cicatrisation des blessures de harnais, des
ulcères, des herpès humides, des eaux aux jambes, des
crevasses. On l'emploie également dans les contusions
et les entorses et en collyre contre l'inflammation des
paupières et des yeux. On s'en sert en lavages ou compresses en en faisant dissoudre gros comme une noix
dans un litre d'eau tiède.

La liqueur de Villate :

M. nº 19
{
Acétate de plomb................ 50 grammes.
Sulfate de zinc................. 25   —
Sulfate de cuivre............... 25   —
Vinaigre blanc fort............. 1/2 litre.
}

Faites dissoudre l'acétate de plomb dans la moitié du vinaigre, les deux sulfates dans l'autre moitié et mélangez. Laissez déposer le précipité blanc et décantez. Conservez pour l'usage.

Cette mixture astringente, légèrement caustique et antiseptique, est très utile dans les caries osseuses, les plaies fistuleuses du garrot, le javart, les crevasses et la plupart des maladies du pied chez le cheval.

L'onguent de pied :

Graisse de suif...........
Cire jaune...............
Goudron ....
Huile douce..............
} Par parties égales.

Faites fondre et augmentez la quantité d'huile si l'onguent est trop ferme, ce qui arrive lorsqu'on emploie le suif; pour l'obtenir noir, ajoutez quantité suffisante de noir de fumée.

Cet onguent est le tonique par excellence de la corne du pied des chevaux. Il entretient cette corne dans un état de souplesse convenable, il hâte sa poussée, l'empêche de se sécher et de se fendre ; il prévient et guérit les crevasses et la bleime sèche.

Poudre tonique et excitante :

Gentiane .... 250 grammes.
Phosphate de chaux.................. 125   —

Mélangez à du son ou de la farine d'orge deux cuillerées à bouche de cette poudre et deux cuillerées de sel et donnez matin et soir avant leur repas aux animaux épuisés par la maladie, aux vaches nourricières et débiles, aux bœufs de mauvaise nature que l'on veut engraisser. Pour les vaches atteintes de pissement de sang dont on veut améliorer l'état avant de les vendre à la boucherie, il faut ajouter à la dose ci-dessus 25 grammes de sous-carbonate de fer.

Provende pour l'engraissement des animaux :

Cumin pulvérisé	100	grammes.
Fenugrec	200	—
Gentiane	200	—
Sous-carbonate de fer	100	—

Une cuillerée à bouche par jour pour un bœuf ou une vache à l'engrais, mélangée aux aliments ordinaires. Pour les animaux plus jeunes, demi-dose.

Cette provende stimule l'appétit et détermine un engraissement rapide.

Pommade contre les dartres :

Précipité blanc	3	grammes.
Camphre	3	—
Axonge	25	—

Cette pommade est très efficace contre toutes les affections dartreuses des animaux.

Poudre selon la formule Martin-Chapuis :

Aconit pulvérisé	10	grammes.
Guimauve	10	—
Réglisse	10	—
Sulfate de soude	10	—

Soufre........................ 10 grammes.
Sulfure d'antimoine............ 1 gr. 50 centigr.
Extrait alcoolique de pavot...... 0 — 50   —

Pour une dose à prendre matin et soir, dans la bronchite du cheval et du bœuf.

Prises contre la pousse :

Acide arsénieux .... 60 grammes.
Poudre de digitale............. 60   —
Poudre de jusquiame........... 380   —

Divisez en 100 doses.

Contre la pousse, administrez ce médicament pendant 25 jours, cessez 25 jours et recommencez. Diminuez les rations de foin et donnez la paille à volonté.

Onguent contre le piétin :

Sulfate de cuivre pulvérisé...... 50 grammes.
Vert-de-gris pulvérisé.......... 10   —
Goudron..................... 30   —

Très efficace contre le piétin en applications journalières à l'aide d'un tampon de charpie.

Sel antiseptique du Bonhomme Deschamps :

Cette poudre, à base de phénol, d'acide salicylique, de soufre, de gentiane et de sulfate de soude, est absolument précieuse contre toutes les maladies épidémiques du porc.

C'est le meilleur antiseptique à employer contre le rouget et toutes les affections charbonneuses qui dévastent les porcheries.

Elle offre aux agriculteurs, soucieux de leurs intérêts,

un moyen certain de conserver un gros capital par une minime dépense.

Sa vogue dans certaines contrées est la plus sûre garantie de son efficacité.

Mode d'emploi. — Comme médicament préventif : une cuillerée à bouche tous les deux jours, dans la pâtée de chaque porc de moyenne taille. Le jour où le médicament n'est pas administré, répandre dans la porcherie un ou deux verres d'eau phéniquée. Comme médicament curatif : une cuillerée à bouche chaque jour; continuer les aspersions d'eau phéniquée.

CHAPITRE VII

CONNAISSANCES USUELLES DE MÉDECINE HUMAINE A L'USAGE DES FAMILLES

DES MALADIES LES PLUS CONNUES. LEUR TRAITEMENT

INTRODUCTION

Des livres de médecine de toutes sortes à l'usage des familles ayant propagé les connaissances usuelles de médecine dans les populations urbaines, les mettant ainsi à même d'opposer plus à propos un traitement rationnel à leurs affections, nous avons pensé rendre quelques services de ce genre aux classes rurales, auxquelles nous nous adressons, en complétant ce livre d'économie domestique par quelques leçons de médecine pratique sur des maladies toujours connues, n'offrant jamais de danger immédiat, trop souvent soignées sur les indications vagues et intéressées des spécialistes.

Nous nous sommes adressé pour cela au docteur H..., savant praticien populaire et désintéressé, qui a bien voulu nous prêter son bienveillant concours.

Nous eussions été heureux de l'associer à notre œuvre, le désignant à nos lecteurs comme le plus sûr conseiller, si ses principes n'eussent été hostiles à cette façon de pratiquer la médecine, estimant qu'un diagnostic est forcément défectueux, souvent faux et partant dangereux, lorsqu'il est établi sur les informations erronées d'une correspondance incomplète. Ennemi donc de l'exercice de la médecine par correspondance, il a voulu rester inconnu pour se soustraire aux demandes de conseils qui lui seraient forcément parvenues s'il nous eût fait l'honneur de nous permettre d'associer son nom au nôtre comme auteur de cet ouvrage.

N'ayant pas, par nous-même, l'autorité nécessaire pour cela, nous ne répondrons à aucune demande de renseignements ou conseils ayant rapport à la santé de nos lecteurs. Nous croyons même agir sagement en les engageant à ne jamais recourir à d'autres médecins qu'à celui de leur famille, ou, s'ils désirent en voir un second, à le consulter avec le premier.

Le médecin de la famille connaît les antécédents du malade, son tempérament, ses maladies antérieures chroniques, héréditaires et autres ; il a par là même beaucoup plus de chances de discerner les vraies causes de l'affection du malade, qu'un étranger et surtout qu'un inconnu consulté sur les indications presque toujours erronées et incomplètes d'une correspondance insuffisante.

Si le besoin d'un second médecin se fait sentir, on devra le consulter avec le premier ; car si le nouveau venu peut être éclairé sur le traitement rationnel à faire suivre, il le sera beaucoup plus par l'histoire des symptômes antérieurs de la maladie, fournis par son confrère, que par les données du malade ; ils discuteront ensemble les bases de leur diagnostic, et de cette discussion pourra naître la lumière, l'idée juste qui formulera le traitement sauveur.

ANÉMIE, CHLOROSE, PALES COULEURS, APPAUVRISSEMENT DU SANG

Les personnes atteintes de cette maladie ont la figure pâle, la muqueuse des yeux, des lèvres et des gencives décolorée par suite de la diminution des globules rouges du sang. Leur regard est terne. Elles ont le sommeil troublé par une sorte de surexcitation nerveuse et des rêves fatigants ; leur cerveau est lourd, leurs idées moins nettes et moins suivies. Elles perdent le goût du travail et leur caractère s'assombrit. Elles recherchent la solitude et sont agacées par le moindre dérangement. Enfin leur estomac, participant de la faiblesse générale, n'a plus la force d'assimiler leurs aliments, et leurs digestions deviennent lentes et fatigantes.

Cette maladie se fait sentir à tous les âges et chez les deux sexes, mais elle est surtout très commune chez les jeunes filles. Elle est déterminée souvent par une croissance rapide, par une alimentation peu hygiénique, par des travaux intellectuels opiniâtres et longtemps soutenus, par des émotions morales vives, des soucis, des chagrins ; mais souvent aussi chez la femme par le début anormal, le dérangement ou la suppression des règles. Dans ces dernières conditions, la maladie prend le nom spécial de chlorose.

Beaucoup de jeunes filles tomberaient anémiques aumoment de leur puberté si on ne les aidait pas à franchir ce passage délicat par des toniques et des ferrugineux.

Beaucoup de jeunes filles et de jeunes femmes constatent chez elles une anémie progressive, en même temps qu'un fonctionnement anormal de leurs règles ; alors les malaises indiqués ci-dessus se compliquent de pesanteur dans le bas-ventre, de bouffées de chaleur à la tête, de congestion des voies respiratoires et de refroidissement des jambes et des pieds. La maladie est, dans ce cas, compliquée de dysménorrhée.

Un nombre considérable de jeunes femmes restent de longues années languissantes et fatiguées, sous le coup d'une anémie chronique déterminée par des flueurs blanches également chroniques.

Enfin les pâles couleurs peuvent être déterminées par un arrêt complet des règles survenant en dehors de la grossesse, et alors il y a complication d'aménorrhée ; dans ce cas, l'intervention immédiate d'un médecin est nécessaire.

Traitement. — Il comporte d'abord les bons soins que l'on peut donner au malade dans la mesure de ses moyens : l'exercice, la gymnastique, les promenades au grand air, la suppression de tout travail intellectuel et de toute cause d'ennui, une nourriture composée principalement de viandes noires rôties, presque saignantes, de bon vin, etc.

Les médicaments nécessaires pourraient se résumer en fer et quinquina dans les cas simples.

Le fer, sous toutes ses formes, revivifie le sang et lui rend les forces et les qualités que la maladie lui a enlevées.

Le quinquina tonifie et stimule l'estomac fatigué et

lui permet de digérer, d'assimiler plus facilement le fer et les aliments.

Parmi les préparations à recommander dans les cas d'anémie simple sans complications, nous citerons, après le fer réduit en poudre et le bois de quinquina pour les bourses modestes, les deux suivantes, qui ont l'avantage de contenir dans une même préparation tous les principes actifs et stimulants du quinquina et un sel de fer très soluble et très assimilable.

PILULES DE FER, QUINQUINA ET COLOMBO

Tartrate ferrico-potassique......... 10 grammes.
Extrait de quinquina............... 10 —
Poudre de colombo................. Q. s.

À prendre 4 à 6 par jour, deux avant chaque repas.

PILULES DE FER ET QUINIUM

Quinium........................... 10 grammes.
Oxyde noir de fer................. 10 —
Extrait de rhubarbe............... Q. s

Diviser en 100 pilules.

En prendre trois à quatre par jour, une avant chacun des principaux repas. Ces pilules sont éminemment reconstituantes, leur effet est prompt et leur emploi toujours couronné de succès. Le quinium qu'elles contiennent est l'extrait le plus complet et le plus actif du quinquina, il ajoute donc à l'action du fer un effet tonique des plus heureux et permet de prendre ces pilules seules, sans y associer une préparation quelconque de quinquina, comme on le fait généralement pour les autres préparations ferrugineuses.

Lorsque la chlorose se complique de névralgies intenses, faciales ou autres, on remplace avec beaucoup d'avantage pendant quelque temps au moins le traitement ci-dessus par le suivant :

PILULES CONTRE LES NÉVRALGIES CHLOROTIQUES

Valérianate de quinine...............	5 grammes.
Oxyde noir de fer....................	6 —
Extrait de valériane.................	3 —
Poudre de valériane..................	Q. s.

Diviser en 60 pilules.

Prendre 3 à 4 pilules par jour.

Lorsque la chlorose se complique de dysménorrhée nerveuse, c'est-à-dire d'irrégularité, de douleurs, de gêne dans la venue des règles, ajouter le traitement suivant :

ELIXIR EMMÉNAGOGUE

	Cannelle pulvérisée.................	5 grammes.
	Safran.............................	1 —
M. n° 21	Myrrhe.............................	10 —
	Aloès..............................	5 —
	Tartrate ferrico-potassique.........	15 —
	Eau-de-vie.........................	400 —

Laissez macérer huit jours en présence de quantité suffisante de sucre ; filtrez. Prenez de cet élixir une cuillerée à bouche le soir avant de dîner.

La chlorose se compliquant presque toujours de constipation, on doit y remédier par l'emploi des grains de santé à la dose laxative, deux fois par semaine. (*Pour les autres préparations employées contre cette affection, voir aux préparations recommandées.*)

FLUEURS BLANCHES, LEUCORRHÉE

Sécrétion utérine ou vaginale chez la femme, constituée par l'écoulement d'un liquide épais, filant, blanc jaunâtre ou verdâtre et tachant le linge.

Affection des plus tenaces et des plus désastreuses pour la santé générale, non qu'elle soit dangereuse, car elle n'est jamais mortelle, mais elle est une cause constante d'affaiblissement pour l'économie. Aussi la voit-on presque toujours aller de pair avec la chlorose. On la voit toujours accompagner la métrite chronique, et dans ce cas elle se complique de troubles dans la menstruation, de pesanteurs et de douleurs dans le bas-ventre.

Beaucoup de femmes restent de longues années sous le coup de cette affection, sans en prendre autrement souci. Elles s'affaiblissent, s'anémient, et ce n'est que lorsque le mal a fait des ravages presque irréparables, lorsque la chlorose a apporté des désordres dans les fonctions de l'estomac et du cerveau, lorsque le mal s'est enraciné dans les parties internes et qu'il a déterminé une inflammation douloureuse, une métrite, en un mot, qu'elles songent à consulter leur médecin. Mais alors il est trop tard pour arriver à une solution rapide et l'homme de l'art ne peut qu'ordonner un traitement long, difficile, dispendieux même et qui quelquefois se complique d'opérations délicates et désagréables. La longueur de ce traitement rebute souvent les plus courageuses et la plupart se résignent à supporter leur affection, combattant tant bien que mal son action débilitante par quelques préparations toniques et fortifiantes.

Il est donc urgent de combattre cette affection dèsson début. A ce moment-là le traitement peut encore ne pas être agréable ; mais il offre un résultat certain.

Traitement. — Il se divise en deux parties : 1° modifier l'état de la muqueuse des parties génitales internes, par des injections émollientes d'abord, astringentes ensuite ; 2° combattre la chlorose, qui est toujours une conséquence de cette maladie, quand elle n'en est pas la cause, par des préparations ferrugineuses toniques et astringentes.

Les injections nécessitent un appareil spécial nommé irrigateur, injecteur ou clysopompe. La plupart de ces appareils donnant un jet irrégulier et saccadé déterminent souvent de l'irritation nerveuse et des douleurs dans le bas-ventre. On devra donc choisir les plus perfectionnés, tels que les irrigateurs système Eguisier, les clysoirs, ou mieux encore un simple tonneau de quelques litres, un vase ou récipient de ménage quelconque muni d'un robinet et suspendu dans une alcôve, un cabinet ou une ruelle de lit, à un mètre cinquante de hauteur. Au moment voulu, on adapte à l'orifice du robinet un tube en caoutchouc d'un mètre cinquante de longueur muni d'une canule à clef. Dans ces conditions, le liquide, après avoir ouvert le robinet, s'écoule sans secousses sous une pression régulière ; le lavage peut être aussi abondant qu'on le désire et produire tout l'effet voulu.

Les injections doivent être faites matin et soir, les premiers temps avec des décoctions tièdes et émollientes soit de graine de lin, soit de racines ou de fleurs de guimauve ; en second lieu avec des liquides astrigents, froids en été et légèrement dégourdis en hiver, obtenus par une décoction de feuilles de noyer, d'écorce de chêne ou mieux d'acide borique. Cependant, dans les affections prononcées et dès le début du traitement, il est avantageux de se servir de la préparation suivante :

Acide borique.....................	Une cuillerée.
Fleurs de sureau	Une poignée.
Eau..............................	1 litre.

Laissez bouillir un quart d'heure, passez et laissez refroidir avant de l'employer.

Pour le traitement interne, on a recours aux toniques et aux ferrugineux. Le nombre des préparations employées dans ce cas est considérable, et parmi les meilleures on peut recommander les deux suivantes, prises en même temps :

CACHETS ANTILEUCORRHÉIQUES

Quinium..........................	7 gr. 50 centigr.
Phosphate bicalcique............	25 grammes.
Cachou...........................	10 —
Aloès............................	4 —

Mêlez selon l'art et divisez en 50 cachets.

A prendre un cachet matin et soir avant les deux principaux repas.

VIN OU SIROP FERRUGINEUX

Pyrophosphate de fer............	10 grammes.
Vin blanc généreux ou sirop......	1 litre.

Faites dissoudre le sel de fer dans un peu d'eau et réunissez au vin ou au sirop. Prenez de cette préparation une cuillerée à bouche après les deux principaux repas.

La poudre antileucorrhéique associée au pyrophosphate de fer et aidée par des injections astringentes

constitue un traitement très complet et très efficace contre les fleurs blanches.

Dans cette affection, on doit éviter la constipation avec
le plus grand soin et la combattre par les laxatifs doux,
le cascara sagrada par exemple.

Pilules de cascara sagrada à 0. 10 centigr.; en prendre
2 à 3, le soir au dîner.

DYSPEPSIE, DIGESTIONS LENTES ET DIFFICILES

La dyspepsie est constituée par le mauvais fonctionnement de l'appareil digestif. Toutes les fois que les digestions s'accompagnent d'une gêne et d'un malaise
chroniques, il y a dyspepsie.

La digestion comporte deux phases bien distinctes:
la digestion stomacale et la digestion intestinale. Dans
l'un et l'autre cas, elle s'opère à l'aide de sucs qui dissol-
vent les aliments, les digèrent et les rendent en partie
assimilables à l'économie.

L'estomac sécrète le suc gastrique, qui dissout les matières azotées et les viandes; il recueille la salive, qui
concourt avec un des sucs intestinaux à la dissolution
des féculents.

L'intestin, de son côté, sécrète le suc pancréatique qui
complète la digestion des féculents; il recueille la bile
qui dissout et digère les corps gras. Lorsque la sécrétion
de l'un ou de l'autre de ces sucs est diminuée, la digestion des aliments qu'il était destiné à dissoudre s'opère
avec une lenteur anormale et de ce fait il y a perturbation dans la digestion, il y a dyspepsie.

Il y a plusieurs sortes de dyspepsies, telles que :

La dyspepsie acide. — Cette dyspepsie provient de l'exagération de la sécrétion du suc gastrique. Ce suc acide, n'étant pas complètement saturé par les aliments, détermine de la chaleur à l'estomac, des aigreurs, des régurgitations aigres, qui s'exaspèrent toujours par l'usage immodéré du vin, des alcools, des aliments acides et sucrés.

La dyspepsie putride. — Cette dyspepsie résulte, au contraire, de la diminution du même suc gastrique. Les aliments, et surtout les aliments azotés et les viandes, ne trouvant plus le liquide nécessaire pour se dissoudre promptement, déterminent une sorte de gêne et subissent un commencement de fermentation putride qui détermine la formation d'une assez grande quantité de gaz.

L'haleine des malades sent plus ou moins mauvais.

La dyspepsie atonique. — C'est la plus commune; elle est provoquée par un défaut de vitalité, de tonicité des muscles de l'estomac. Cet organe remplit son travail de la digestion par des mouvements de contraction, destinés à brasser les aliments et à bien les imprégner des sucs digestifs; le jour où l'estomac n'a plus la vigueur nécessaire pour opérer convenablement ce brassage, il y a dyspepsie atonique. Cet état détermine une sensation de lourdeur, de plénitude de l'estomac. Cet organe est gonflé et plein de gaz; les malades se sentent la tête lourde, les idées moins nettes, leur aptitude au travail diminue, ils bâillent, ils ont des tendances au sommeil.

Enfin si c'est dans l'intestin que la digestion ne s'opère pas convenablement, il y a dyspepsie intestinale.

Tous ces états peuvent être nettement distincts ou se confondre. Ils peuvent être déterminés progressivement par des abus et un régime peu hygiénique ou n'être que les symptômes d'une autre affection.

Traitement. — Il consiste d'abord à suivre un régime approprié. Dans la dyspepsie putride, on doit manger le moins de viande possible; faire surtout usage de légumes, de féculents, d'œufs et de lait; prendre du vin blanc de préférence, pur ou coupé d'eau de Vichy.

Dans la dyspepsie acide, les malades doivent au contraire rechercher les viandes, mais ils suppriment ou diminuent les excitants, les épices, le vinaigre, les salades, les aliments sucrés et les alcools; le vin doit être pris en petite quantité et toujours coupé d'eau de Vichy ou d'eau alcaline au sel de Vichy.

Dans la dyspepsie atonique, les malades doivent rechercher surtout les aliments qu'il digèrent le plus facilement; ils doivent éviter avec soin de surcharger leur estomac, en mangeant plus souvent et moins à la fois mais toujours aux mêmes heures. Ils devront s'étudier à lutter contre la tendance qui les porte au repos et au sommeil pendant leur digestion; ils devront stimuler leur estomac en augmentant la circulation par des exercices journaliers en plein air.

Suivant les symptômes de leur affection, les dyspeptiques pourront avoir recours aux préparations suivantes:

Sel de Vichy.......................... 4 grammes.

Faire dissoudre dans un litre d'eau et en couper le vin aux repas. Il remplace très économiquement et avec assez d'avantage l'eau de Vichy dans les cas de dyspepsie acide et atonique.

POUDRE ABSORBANTE

Charbon de peuplier pulvérisé.....	30	grammes.
Magnésie calcinée.................	10	—
Sucre vanillé......................	20	—
M. S. A.		

Une cuillerée à café une heure après les repas dans la dyspepsie putride et flatuleuse, comme antiseptique et absorbant des gaz.

ELIXIR ANTIDYSPEPSIQUE

M. n° 21	Rhubarbe......................	12	grammes.
	Colombo.	12	—
	Cannelle......................	12	—
	Anis..........................	25	—
	Eau-de-vie....................	1/2	litre.

Laissez macérer les poudres dans l'eau-de-vie pendant huit jours, passez et sucrez à volonté. Une demi à une cuillerée à bouche matin et soir avant les deux principaux repas dans les dyspepsies flatulentes, atoniques et putrides, pour stimuler la sécrétion du suc gastrique.

POUDRE ANTIACIDE

Craie préparée...................	10	grammes.
Bicarbonate de soude.............	10	—
Crème de tartre soluble..........	10	—
Magnésie calcinée................	10	—
Sucre vanillé....................	10	—
M. S. A.		

Une cuillerée à café rasée avant les deux principaux repas, dans les cas de dyspepsie acide, d'aigreurs.

ELIXIR TONIQUE STIMULANT

M. n° 22
{
Quinium .... 3 grammes,
Anis vert..... .... 5 —
Aloès .... 5 —
Gingembre........................ 5 —
Eau-de-vie....................... 1/2 litre.

Laissez macérer les poudres sur l'eau-de-vie pendant huit jours en agitant de temps en temps; passez et sucrez en excès pour combattre l'amertume très prononcée de la préparation. Une cuillerée à bouche matin et soir après les deux principaux repas dans les cas de dyspepsie atonique et de flatuosités.

GASTRALGIE, CRAMPES D'ESTOMAC

Douleurs stomacales névralgiques, s'accompagnant de troubles digestifs. Elles sont plus fréquentes chez la femme que chez l'homme et atteignent principalement les personnes au tempérament nerveux. Cette affection peut être provoquée par toutes sortes de surexcitations nerveuses, quelquefois par des dispositions rhumatismales; enfin souvent elle n'est que le symptôme d'une affection plus grave.

Traitement. — Contre les douleurs, les crampes, employer les gouttes suivantes :

GOUTTES ANTISPASMODIQUES

Teinture de valériane............. 6 grammes.
Teinture de castoreum............ 6 —
Ether .... 6 —

En prendre 10 à 30 gouttes dans une tasse d'infusion de tilleul ou de feuilles d'oranger. Prendre la poudre suivante contre les troubles de la digestion :

POUDRE ANTIGASTRALGIQUE

Magnésie calcinée.................	5	grammes.
Craie.............................	4	—
Crème de tartre soluble...........	5	—
Poudre de Dower..................	2	—
Saccharure d'anis.................	10	—

Une à deux cuillerées à café rasées après les repas.

CONSTIPATION

Cette affection est constituée par la diminution du nombre des évacuations des matières alvines par l'intestin. Les selles n'ont lieu qu'irrégulièrement et à des intervalles plus ou moins éloignés. En général peu grave, cette affection demande néanmoins à être soignée si on ne veut pas voir sa chronicité amener avec elle une foule d'indispositions, telles que : perte de l'appétit, indigestions, migraines, étourdissements, agacements, diminution des facultés intellectuelles, etc.

Traitement. — Dans les cas légers de constipation passagère, on peut se contenter de combattre ce fâcheux état par quelques pilules laxatives au cascara ou à la podophylle. Dans les cas de constipation chronique opiniâtre, on devra commencer par suivre un régime convenable. On devra surtout user de lait, de viandes blanches, légumes, pruneaux et bière; on supprimera les viandes noires, les aliments trop azotés, les épices et les alcools. On prendra l'habitude d'aller régulièrement à la garde-robe à la même heure, sans besoin. Enfin on aura recours aux laxatifs à petites doses. Parmi ces laxatifs, les plus recommandés sont :

Le cascara sagrada en pilules de 15 centigrammes, à la dose de deux ou trois le soir au dîner. C'est la préparation qui réussit le mieux à combattre les constipations opiniâtres;

La podophylline en pilules de 25 milligrammes, à la dose d'une ou deux le soir au dîner;

La magnésie calcinée, à la dose d'une cuillerée à café le matin.

Les grains de santé et les pilules écossaises sont aussi d'excellents laxatifs. Ils stimulent l'estomac, facilitent la digestion et régularisent d'une façon heureuse les fonctions des règles chez la femme. Ce sont d'ailleurs toutes ces propriétés qui ont fait la grande réputation de quelques spécialités, qui ne sont en somme que des imitations des pilules écossaises.

DIARRHÉE

La diarrhée est constituée par une exagération des sécrétions intestinales, amenant des selles abondantes et plus ou moins fluides. Elle peut être déterminée par des causes très variables, telles que : le froid, une alimentation vicieuse, les indigestions, la dentition chez les jeunes enfants, les violentes émotions, la peur, les brûlures étendues, la tuberculose, le cancer, le diabète, la goutte, la dysenterie, le choléra et certains empoisonnements.

Il y a de ces diarrhées dont l'effet dérivatif et élimina-toire est avantageux, lorsque le malade est atteint en même temps d'albuminurie, d'hydropisie, de fièvre ty-phoïde, de goutte, etc.

La plupart sont bénignes, passagères, faciles à couper par de simples soins domestiques.

Quelques-unes enfin sont chroniques et dangereuses, souvent symptomatiques d'une maladie grave à sa der-nière période. Quoi qu'il en soit, la diarrhée, quelle que soit sa cause, affaiblit rapidement l'économie et réclame des soins immédiats. Ces soins, dans la plupart des cas et dès le début de la maladie, peuvent être donnés sans le se-cours du médecin ; mais si le mal ne cédait pas bientôt à un régime approprié, il faudrait au plus tôt avoir re-cours aux lumières d'un homme de l'art.

Traitement. — Dès le début de cette maladie, il faut se vêtir chaudement, garder la chambre autant que possi-ble, ou du moins éviter avec soin les refroidissements, et porter une ceinture de flanelle autour du ventre.

Les malades adultes se mettront à une demi-diète et useront d'aliments légers. Comme médicaments, ils pren-dront tous les jours : un demi-litre d'eau albumineuse obtenue en battant trois blancs d'œufs dans un demi-litre d'eau sucrée, trois ou quatre paquets de sous-nitrate de bismuth à 0 gr. 50 centigr. dans les cas peu graves et peu douloureux et mieux quatre bols de *diascordium* et *bismuth* dans les cas plus prononcés. Si le mieux ne se fait pas sentir en quelques jours, consulter un mé-decin.

Aux enfants atteints de diarrhée occasionnée par la dentition ou une alimentation vicieuse, on fera prendre une cuillerée à café de sirop de chicorée tous les deux

ou trois jours, le matin à jeun, et tous les jours 5 à 6
cuillerées à soupe d'eau albumineuse; on coupera leur
lait d'eau de Vals; on leur donnera de temps en
temps quelques lavements d'amidon; enfin on modifiera
leur alimentation, soit en changeant le lait si les enfants
sont élevés au biberon, soit en prescrivant aux nourrices un régime tonique et rafraîchissant.

NÉVRALGIES

Elles sont constituées par des douleurs plus ou moins
vives déterminées par l'excitabilité exagérée des nerfs;
elles se localisent sur le trajet de ces nerfs et de leurs ra-
mifications. Il y a plusieurs sortes de névralgies, telles
que :

La céphalalgie ou mal de tête, l'odontalgie ou mal de
dents, la gastralgie, la migraine, la sciatique, etc.

Les névralgies peuvent être provoquées exceptionnel-
lement par le froid, des tumeurs, des exostoses, les lé-
sions propres des nerfs; mais en général elles sont dues
à des causes constitutionnelles, telles que : la chlorose, le
nervosisme, les intoxications paludéennes, l'influenza, la
syphilis, la goutte, etc., etc.

Traitement. — Frictions avec le liniment antinévralgique de Debout dans les cas de névralgies faciales et
de torticolis, ou avec le baume antirhumatismal dans
les cas de sciatique et de lumbago.

A l'intérieur, 1 gramme d'antipyrine toutes les heures
jusqu'à effet calmant, ou mieux, dès le début de l'accès,
un ou deux des cachets suivants :

CACHETS ANTINÉVRALGIQUES

Sulfate de quinine............ 0 gr. 20 centigr.
Antipyrine.................... 0 — 40 —

Pour un cachet.

La névralgie une fois calmée, on fera bien de prévenir son retour en faisant usage des pilules contre les névralgies chlorotiques.

Enfin si la névralgie se complique d'anémie, de chlorose, il faut ajouter au traitement ci-dessus le fer et le quinquina ; l'iodure de potassium s'il y a complication de syphilis, et le quinium dans les cas de fièvre intermittente.

MIGRAINE

C'est une sorte de névralgie faciale, qui se distingue de la céphalalgie en ce qu'elle n'occupe que la moitié du crâne, siégeant en général à un côté du front et à une des tempes.

Cette maladie s'accompagne toujours de nausées et souvent de vomissements. Elle est parfois d'une ténacité désespérante, se montrant à des périodes parfois très rapprochées.

Traitement. — Repos dans une chambre obscure, loin de tout bruit ; applications de compresses d'eau sédative sur le front ; thé léger, alcool de menthe, eau de mélisse, antipyrine par prises de 1 gramme toutes les heures.

INSOMNIE

L'insomnie est constituée par l'impossibilité de sommeiller. Les vieillards, les femmes, les personnes d'un tempérament nerveux y sont principalement disposés. Lorsque l'insomnie est provoquée par une maladie quelconque, il faut laisser le médecin seul juge de la situation et lui laisser le soin de la combattre, s'il y a lieu.

Si l'insomnie survient en dehors de toute maladie, par suite de chagrins, d'ennuis, de préoccupations, de mauvaises digestions ou de surexcitation exagérée des nerfs; si elle menace de fatiguer outre mesure la personne qui en est atteinte, il faut chercher à la chasser par le repos, le calme, l'exercice au grand air, la suppression du café et des liqueurs, par l'usage après le repas du soir de tisanes antispasmodiques à la racine de valériane, avec adjonction de 4 à 5 des gouttes antispasmodiques par tasse de tisane. Si ces moyens sont insuffisants, prendre le soir en se couchant une ou deux cuillerées à bouche de la préparation suivante au chloral bromuré:

M. n° 23 { Chloral hydraté.......... 5 grammes.
           Bromure de potassium. 5   —

Eau bouillante, cinq cuillerées à bouche.

Faites dissoudre, ajoutez une quantité égale de sirop et conservez pour l'usage.

ASTHME

Maladie essentiellement nerveuse, qui s'accompagne presque toujours d'affections pulmonaires ou cardiaques.

C'est ainsi que la plupart des asthmatiques sont atteints d'emphysème et de catarrhe pulmonaires, d'hypertrophie du cœur.

Quelquefois l'asthme est la cause déterminante de ces affections, quelquefois aussi il n'en est que le symptôme. Malgré les accès effrayants de suffocation intense qui caractérisent cette maladie, elle a une évolution très lente et fait en somme peu de victimes. Pendant ces accès, qui reviennent à des intervalles plus ou moins éloignés et qui peuvent durer plus de quatre heures, le malade est pris d'une anxiété des plus pénibles ; les inspirations sont difficiles, suffocantes, les expirations longues et sifflantes ; vers la fin de la crise, la toux survient, sèche et quinteuse, suivie d'une expectoration plus ou moins abondante.

Entre temps, le malade se porte souvent assez bien ; souvent aussi il souffre d'essoufflement, de dyspnée, quand son asthme se complique d'emphysème pulmonaire, d'hypertrophie du cœur ; il est souvent pris de quintes de toux quand il est atteint en même temps de catarrhe.

Hygiène des asthmatiques. — Ils devront porter de la flanelle, des vêtements de laine, éviter le brouillard, les refroidissements, les changements brusques de température, les atmosphères chargées de poussières irritantes. Ils devront se priver d'alcool, de liqueurs, de café et de vin pur.

Traitement. — Au moment des accès, faciliter la respiration en donnant de l'air, en relevant la tête, en écartant les bras du malade.

Faire brûler sur une assiette dans la chambre ou l'alcôve une ou deux feuilles de papier anti-asthmatique roulées en cornet.

PAPIER ANTI-ASTHMATIQUE

Azotate de potasse................... 75 grammes.
Datura stramonium................. 25   —
Eau bouillante..................... 1/2 litre.

Faites bouillir vingt minutes ; passez.

Imbibez des feuilles de papier sans colle de la solution ; séchez au four et découpez pour l'usage, en feuilles rectangulaires de 10 sur 15 centimètres de côté. En général, une seule feuille brûlée suffit pour soulager le malade. Si cependant le mieux ne se faisait pas sentir, allumer une cigarette de datura stramonium ou de belladone et en faire tirer quelques aspirations au malade.

Entre les accès, on se trouve bien d'employer contre les quintes de toux la préparation suivante :

M. nº 24 { Iodure de potassium.. 10 grammes.
          Polygala............... 10   —
          Lobélie................ 5   —

Faites infuser dans 260 grammes d'eau bouillante, passez. Prenez-en une cuillerée à bouche dans une tasse d'eau sucrée le matin au réveil ; une seconde dans la journée en cas de toux opiniâtre.

RACHITISME

Affection redoutable de la première enfance, qui amène une perturbation dans la nutrition rationnelle des os et empêche leur développement. Cette affection apparaît chez les enfants vers l'âge de un à deux ans. Les os, n'assimilant plus les matières calcaires qui concourent à leur formation et leur donnent leur rigidité, se ramollissent, se déforment et s'infiltrent d'un liquide visqueux, brun rougeâtre. La colonne vertébrale s'infléchit. Les os du bassin et des jambes se déforment. Le ventre et la tête grossissent disproportionnellement. La diarrhée survient. Enfin un amaigrissement, un étiolement général s'empare des malades, si on ne se hâte pas de les soulager au plus tôt par des soins attentifs et constants.

Traitement. — Les petits rachitiques doivent être élevés dans un milieu sain, aéré, où ils puissent prendre leurs ébats sans entraves. On doit leur faire prendre tous les matins un bain simple ou aromatique, presque froid et suivi d'une bonne friction. Leur nourriture doit être saine, choisie et essentiellement composée dans le bas âge de bon lait, de pain et de quelques légumes.

Comme médicaments, on pourra leur faire prendre la poudre suivante et l'huile de foie de morue dès qu'ils pourront la supporter.

POUDRE PHOSPHATÉE FERRUGINEUSE

Phosphate bicalcique	15 grammes.	
Pyrophosphate de fer	1	—
Carbonate de magnésie	4	—
Sucre	20	—

Une cuillerée à café rasée matin et soir dans un peu de potage au lait. Les phosphates alcalins sous toutes les formes sont indiqués dans ces cas-là. On emploie beaucoup les solutions simples de lacto-phosphate ou de chlorhydro-phosphate de chaux.

COLIQUES HÉPATIQUES

Elles sont constituées par des douleurs déchirantes siégeant dans la région du foie et s'irradiant vers l'épigastre. Ces douleurs sont quelquefois si vives, que le malade ne peut retenir ses cris, se roule et tombe en syncope. Ces coliques s'accompagnent assez souvent de jaunisse et de vomissements bilieux. Elles sont dues à un état particulier de la bile qui laisse déposer une grande quantité de cristaux de cholestérine. Plus ou moins gros, ces cristaux, nommés calculs, s'engagent dans les conduits biliaires et les oblitèrent ; poussés néanmoins en avant par la bile qui tend à s'échapper, ils rayent de leurs aspérités les parois des conduits et déterminent cette vive douleur qui constitue les coliques du foie.

Lorsque ces calculs mettent pendant un temps assez long obstacle à l'écoulement de la bile dans l'intestin, il y a ictère, c'est-à-dire coloration jaune de la peau et des muqueuses. Ces coliques n'ont lieu généralement que chez les personnes d'un certain âge, et la femme y est plus sujette que l'homme. Elles se montrent par intervalles souvent fort éloignés.

Traitement. — Au moment des crises, appeler un médecin qui seul peut ordonner les calmants opiacés ou morphinés nécessaires pour endormir la douleur. En attendant, on mettra aussitôt que possible le malade dans un bain prolongé, on lui fera prendre quelques gouttes d'éther dans une infusion de camomille et quelques cuillerées de sirop de chloral, si on en a à sa disposition.

Pour prévenir le retour des coliques, faire usage à

peu près constamment d'eau alcaline très légère, obtenue
en faisant dissoudre un paquet de sel de Vichy dans un
litre d'eau ; prendre de temps en temps et par petites
périodes 6 capsules d'essence de térébenthine par jour,
se tenir toujours le ventre libre à l'aide des pilules anti-
ictériques de Buchan et suivre un régime sévère. Se priver
de poisson ; user modérément des œufs et des viandes de
toute nature, de l'oseille, des champignons, des farineux.
Manger au contraire le plus possible de légumes et en
particulier les salades peu vinaigrées de laitue, chicorée,
pissenlit, mâche ; boire du vin très étendu d'eau alcaline
et se priver de liqueurs alcooliques.

INCONTINENCE D'URINE

Cette désagréable infirmité est constatée surtout chez
les enfants débiles, nerveux, rachitiques, mal nourris
ou élevés sans soins. Elle peut débuter dès le bas âge et
se continuer jusqu'à la puberté. En général, elle se
termine là, quand elle n'a pas été guérie préalablement
par un traitement approprié. Les enfants qui en sont
atteints laissent échapper leur urine dès qu'il en ressentent le besoin ; la nuit, ils ne se rendent pas compte de
cette satisfaction.

Traitement. — Tonifier l'économie des enfants par
une nourriture plus saine, plus fortifiante ; par des
toniques, le quinquina, le vin de quinquina phosphaté,
le sirop d'iodure de fer. Faire des lotions journalières
d'eau froide sur la région des parties génitales. Réveiller
les enfants la nuit pour les faire uriner ; les inviter le
jour à se contenir le plus longtemps possible avant de

satisfaire leurs besoins. Enfin, si le mieux ne se fait pas
bientôt sentir, leur faire prendre par jour selon leur âge
de une à quatre pilules contre l'incontinence d'urine
selon la formule de Grimaud.

AGE CRITIQUE. SON HYGIÈNE

L'âge critique ou ménopause chez la femme corres-
pond à cette période où elle voit diminuer puis disparaître le flux menstruel qui constituait ses règles. La
ménopause, qui a lieu généralement entre 40 et 50 ans,
s'accompagne presque toujours d'irrégularités dans les
dernières époques, de troubles nerveux et de malaises.
Parfois ce sont des congestions, des étouffements, des
pesanteurs dans les lombes, des crises rhumatismales
chez les femmes au tempérament sanguin et ayant eu
autrefois des règles abondantes. D'autres fois, chez les
femmes molles, lymphatiques ou lymphatico-nerveuses,
on voit survenir la chlorose, les pâles couleurs, s'accompagnant de maux de tête, de maux d'estomac, etc.

Cette période de la vie chez la femme a été justement
nommée critique, car la plupart d'entre elles ressentent
plus ou moins les troubles cités plus haut, selon leur
tempérament, leur régime et les soins hygiéniques
qu'elles ont pu prendre en prévision de ce passage difficile. Chez quelques-unes cependant, ce changement
s'opère sans troubles ; chez d'autres, ces troubles sont
légers et durent quelques mois à peine. Enfin il y en a
qui se voient tourmentées des années entières.

Toute femme soucieuse de sa santé doit donc s'étudier
à reconnaître les quelques signes précurseurs de la ces-

sation de son activité génésique, pour se préparer par des soins et un régime convenable à passer sans secousses les quelques mois difficiles qui constituent l'âge critique.

Ainsi donc, pour le premier cas, chez les femmes à tempérament sanguin ou lymphatico-sanguin, dès l'apparition d'irrégularité dans les époques, de diminution ou d'augmentation du flux cataménial, de congestions partielles survenant aux environs de la quarante-cinquième année, il sera bon d'instituer le régime suivant :

Diminuer la qualité nutritive des mets ; remplacer les viandes noires par des viandes blanches ; user beaucoup de légumes ; boire le vin très étendu d'eau ; supprimer le café et les alcools ; éviter les contrariétés et les ennuis ; vivre d'une vie calme ; exercice, promenade, bains.

Enfin entretenir la liberté du ventre par l'usage d'un des laxatifs suivants, qui agissent surtout dans ce cas comme dérivatifs précieux :

Les pilules de Rufus, une matin et soir avant les repas ;

Les pilules écossaises, une le soir au dîner, deux fois par semaine ;

L'élixir de santé, dont on prendra de une à trois cuillerées à bouche le soir au dîner, selon l'effet produit.

ÉLIXIR DE SANTÉ

M. nº 25

Aloès pulvérisé	12	grammes.
Myrrhe	10	—
Gentiane	3	—
Rhubarbe	2 gr.	50
Safran	1	—

Faire macérer les poudres pendant quinze jours dans

un demi-litre de bonne eau-de-vie ; agiter de temps en temps, filtrer et sucrer à volonté.

Dans le second cas, chez les femmes lymphatiques au contraire, la ménopause se complique souvent d'affaiblissement général, de chlorose. Chez elles, les congestions, les suffocations sont peut-être plus atténuées, mais par contre, elles souffrent de tous les désordres provoqués par l'anémie, tels que : maux de tête, crampes d'estomac, tristesse, énervation, névralgies de toutes sortes. Pour elles, le régime à suivre sera quelque peu différent de celui décrit ci-dessus. Elles devront aussi vivre d'une vie calme et tranquille, éviter toutes les contrariétés, toutes les émotions qui pourraient ébranler leur système nerveux déjà si mal assis. Elles devront éviter la constipation et user de laxatifs. Les alcools, le café seront encore proscrits, mais la nourriture, au lieu d'être débilitante, sera choisie très nourrissante sous le plus petit volume. Les viandes noires légèrement rôties et presque saignantes sont indiquées dans ces cas-là, ainsi qu'un vin généreux en petites quantités. Les malades prendront le plus d'exercice possible au grand air, sans se fatiguer ; elles useront de l'élixir de santé ci-dessus et en plus elles devront prendre une préparation ferrugineuse quelconque et à ce propos elles ne sauraient en choisir une plus efficace et plus reconstituante que les pilules de fer et quinium.

Les bains de pieds, les applications de sinapismes aux cuisses et aux mollets et de farine de moutarde dans les bas sont aussi d'excellents moyens pour combattre les congestions et rétablir la circulation régulière du sang.

SYPHILIS

Maladie virulente, contagieuse, se transmettant par contact ou hérédité. Elle suit une marche régulière, se divisant en trois phases présentant chacune des manifestations spéciales et plus ou moins accentuées. Ces périodes de la syphilis sont dites primaire, secondaire et tertiaire ; et chacune d'elles donne lieu à un traitement spécial.

Traitement. — Par sa gravité, ses effets désastreux sur l'économie tout entière, sa tendance à la diathèse, cette maladie demande à être combattue avec beaucoup de soin. On doit dès le début consulter son médecin et le revoir souvent pour le tenir au courant des manifestations très diverses de la maladie, manifestations qui le renseigneront sur les tendances plus ou moins graves de cette dernière et lui permettront de la combattre avec plus de sûreté.

En général, le traitement le plus ordinairement employé consiste :

En pilules au proto-iodure de mercure de Ricord dans la période primaire ;

En ces mêmes pilules alternées avec l'iodure de potassium dans la période secondaire ;

En iodure de potassium seul dans la période tertiaire.

MUGUET

Cette affection, caractérisée par de petites plaques blanches, caséeuses, disséminées dans la bouche de tout jeunes enfants, est due à l'invasion d'un champignon microscopique, l'oïdium albicans, qui détermine ces petits amas de matière blanchâtre ressemblant à des taches de fromage.

Cette maladie est en général déterminée par la malpropreté, la mauvaise tenue des biberons. Peu grave ordinairement, elle peut le devenir lorsque le champignon progressant dans son invasion se propage dans tout le tube digestif ; alors la diarrhée survient et des taches de muguet apparaissent à l'anus.

Traitement. — Il est d'une efficacité certaine dans la plupart des cas ; il consiste en applications du collutoire suivant :

COLLUTOIRE SEC

Borate de soude......................	4 grammes.
Chlorate de potasse...................	2 —
Tannin...............................	1 —

Mélangez avec une cuillerée de miel et faites-en sur les plaques de muguet, à l'aide d'un pinceau de charpie, trois légères applications par jour. Coupez le lait d'eau de Vals.

En cas de muguet interne compliqué de diarrhée, il est cependant prudent de consulter un médecin.

APHTES

Petites ulcérations grisâtres, succédant à de petites vésicules remplies d'un liquide clair, et se développant sur la muqueuse de la bouche. Les vésicules sont insensibles ; mais après leur déchirure, les petites ulcérations qui leur succèdent font sentir une certaine gêne et de la cuisson. Au bout de quatre à cinq jours, ces ulcérations se cicatrisent et guérissent d'elles-mêmes ; cependant on peut se débarrasser facilement de leur ennui et de leur gêne par l'application du collutoire sec préconisé contre le muguet, employé, soit en collutoire en délayant la poudre dans un peu de miel, soit en gargarisme en étendant le collutoire précédent d'un verre d'eau tiède.

ANGINES

On désigne sous le nom générique d'angines diverses affections inflammatoires de l'arrière-gorge, ayant quelque analogie comme symptômes, mais très différentes dans leur marche et leur terminaison. Quelques-unes sont sans gravité, mais il suffit qu'on puisse les confondre avec d'autres très graves et débutant de la même façon, pour que la prudence s'impose et que le premier conseil à donner soit d'aller chercher un médecin, surtout si le patient est un enfant. Quoi qu'il en soit, en attendant on peut toujours instituer le traitement suivant.

Traitement. — Bain de pieds sinapisé, purgatif, gargarisme émollient à la racine de guimauve miellé, gargarisme aux feuilles de ronces miellé, suc de citron surtout.

Le collutoire sec, soit employé en poudre, soufflé dans le fond de la gorge à l'aide d'un tuyau de plume, soit délayé dans du miel et porté sur l'inflammation à l'aide

d'un pinceau de charpie, trouve encore là un emploi
avantageux.

HÉMORROÏDES

Tumeurs variqueuses occupant les bords internes ou
externes de l'anus.

Ces tumeurs restent indolentes par intervalles et se
congestionnent par périodes, alors elles déterminent une
sensation de gêne et de pesanteur à l'anus et parfois
une douleur plus ou moins vive.

Lorsque les hémorroïdes sont congestionnées, presque toujours les garde-robes s'accompagnent d'un
écoulement de sang.

Traitement. — Éviter la constipation, la faire cesser
par l'usage des pilules de cascara sagrada.

Lorsque les hémorroïdes sont douloureuses, faire des
applications d'onguent populum belladoné.

VARICES

Ce sont des renflements bleuâtres, irréguliers, dus à
une dilatation habituelle et progressive des veines,
sous l'effet d'une circulation défectueuse du sang. Elles
sont communes à toutes les veines, mais on les observe
le plus généralement à la partie inférieure des jambes.

Traitement. — Quand les varices ne sont pas ulcérées,
on prévient leur grossissement et leur ulcération en les
comprimant légèrement à l'aide d'un bas à varices.

Une fois ulcérées, les varices sont longues à guérir.

Le malade doit alors éviter les longues marches, les stations debout prolongées. Toutes les fois qu'il lui sera possible, le matin et le soir, il se fera des lavages abondants avec une décoction tiède de feuilles de noyer.

Application matin et soir, sous un bas à lacets, de charpie imbibée d'une solution de poudre styptique.

> Poudre styptique.................... 5 grammes.
> Eau................................. 1 litre

Faites dissoudre.

DARTRES

On désigne souvent dans le public sous le nom de dartres un certain nombre de maladies de la peau complètement différentes les unes des autres et comme cause et comme évolution, telles que : l'eczéma, l'impétigo, le psoriasis, le lupus, etc.

Nous ne décrirons ici sous le nom générique de dartres que le psoriasis ou dartre proprement dite et le pityriasis ou dartre furfuracée, dartre farineuse.

PSORIASIS

Le psoriasis est la dartre proprement dite, caractérisée par des plaques irrégulières d'un rouge foncé, légèrement saillantes par suite de l'épaississement de la peau, à bords nettement accusés et recouvertes par des écailles blanches sèches et luisantes.

Cette maladie n'est pas contagieuse ; elle peut être accidentelle, mais elle est aussi souvent héréditaire.

Traitement. — Suivre un régime modéré, rafraîchissant, user peu de viandes noires salées, épicées ou faisandées, de gibier, de poissons de mer, de boissons alcooliques et de café. Se tenir toujours le ventre libre, à l'aide des pilules de cascara sagrada.

Onctions sur les dartres, deux fois par jour, avec la pommade antidartreuse de Ricord, continuer jusqu'à guérison et recommencer en cas de récidive.

A l'intérieur, tisanes dépuratives à la feuille de noyer, au houblon ou à la centaurée, ou mieux, une demi-cuillerée à café d'extrait dépuratif, tous les matins, dans une tasse d'eau sucrée.

PITYRIASIS, DARTRES FARINEUSES

Cette affection est caractérisée par la présence sur la peau d'exfoliations légères, furfuracées, plus ou moins grandes, plus ou moins nombreuses suivant les cas, se détachant facilement et se renouvelant avec une grande rapidité. Ces exfoliations s'observent le plus souvent au visage et sur le cuir chevelu. Le pityriasis est une des maladies les plus rebelles à l'action des médicaments, il affecte toujours la forme chronique et sa guérison est souvent fort longue. Sa terminaison n'est jamais fatale ; mais comme il détermine souvent la chute prématurée des cheveux, il devient par là une source d'ennuis profonds pour toutes les dames qui se voient, par la ténacité de cette affection, menacées de perdre leur chevelure.

Traitement. — Contre les dartres farineuses du visage : lotions avec la solution boratée d'Hufeland ; contre les pellicules du cuir chevelu, lorsque les cheveux ne tombent pas : nettoyages fréquents de la tête avec un jaune d'œuf dilué de rhum et onctions journalières avec l'huile antique à base d'huile de ricin et de baume du Pérou.

Lorsqu'il y a chute des cheveux, nettoyage de la tête avec l'eau de quinine et onctions avec la pommade contre l'alopécie de Dupuytren.

ENGELURES

Traitement. — Le soir en se couchant, enduire les engelures de la pommade suivante :

POMMADE CONTRE LES ENGELURES

Vaseline camphrée.................. 30 grammes
Borate de soude.................... 5 —

IMPÉTIGO DES ENFANTS, GOURME, CROUTES DE LAIT

Affection très commune, qui se manifeste chez les enfants en bas âge, particulièrement à l'époque de la dentition.

Tout le monde connaît ce masque hideux et repoussant des enfants atteints de cette maladie.

Une partie plus ou moins étendue de la face et du

cuir chevelu se trouve d'abord envahie de pustules plus
ou moins agglomérées ; ces pustules déterminant de
violentes démangeaisons se rompent sous les ongles de
l'enfant, et il s'en écoule une sérosité épaisse, jaunâtre,
fétide, qui s'épaissit à l'air en formant de larges croûtes.
Ces croûtes tombent naturellement, ou sont arrachées
par les ongles du malade, mais elles sont bientôt rem-
placées par d'autres, de moins en moins épaisses, toujours formées par l'exsudat séreux qui s'écoule du derme
au vif et fendillé par place. Enfin, le suintement se tarit,
les croûtes tombent, un épiderme très fin se reforme et
il ne reste plus qu'une coloration rougeâtre qui s'efface
lentement. Dans sa forme bénigne, cette maladie dure
environ trois à quatre semaines, mais on la voit souvent
persister de longs mois.

Traitement. — Lavage des plaques impétigineuses le
matin avec une décoction de feuilles de noyer, ou de
l'eau alcaline obtenue en faisant dissoudre gros comme
une noix de cristaux de soude dans un litre d'eau.

Saupoudrer le mal avec le mélange pulvérulent de
Cazenave, et recouvrir le tout autant que possible d'un
morceau de taffetas ou de toile caoutchoutée, car il est
à remarquer que plus les croûtes de lait ainsi traitées
sont mises à l'abri du contact de l'air, plus leur guérison s'opère vite.

Faire suivre aux malades un régime rafraîchissant,
couper le lait d'eau de Vals. Faire prendre de temps en
temps un peu de sirop de chicorée, le matin à jeun. Les
nourrices des enfants atteints d'impétigo doivent user
de tisane de chiendent et d'orge et se priver d'aliments
échauffants, de viandes salées, d'épices et d'alcools.

VERS INTESTINAUX

Les vers que l'on observe le plus communément dans les voies digestives de l'homme sont : l'ascaride lombricoïde, l'oxyure vermiculaire et les tænias.

ASCARIDE LOMBRICOIDE

Ce ver ressemble beaucoup au ver de terre comme aspect et comme forme. Assez rare chez les grandes personnes, il est commun chez les enfants. Dans le public, on lui attribue encore la cause d'une foule de malaises auxquels il est parfaitement étranger. Néanmoins il donne lieu à des coliques, à des démangeaisons du nez et de l'anus, à des envies de vomir. Les yeux du malade sont cernés, la face est pâle, le ventre est parfois sensible à la pression ; il peut survenir des agitations et des troubles nerveux.

Traitement. — Le plus rationnel et le plus commode est l'emploi de la santonine en prises de 0 gr. 05 centigr. qu'on fait prendre de la façon suivante :

```
1 prise pour les enfants au-dessous de  3 ans.
2   —                —     de  4 à 8 ans.
3   —                —     de  8 à 12 —
4   —            adolescents de 12 à 16 ans.
5   —            jeunes gens de 16 à 20 —
6   —            grandes personnes.
```

Faites prendre ces prises vermifuges délayées dans un peu de lait en deux fois, le soir en se couchant et le matin en se levant pour les grandes personnes, et en deux matins pour les enfants.

OXYURES VERMICULAIRES

Ce sont de tout petits vers blancs filiformes de 2 à 4 millimètres de longueur qui se multiplient à la partie inférieure du rectum, sur les bords internes de l'anus. On les observe chez les enfants et les grandes personnes. Ils déterminent à l'anus de violentes démangeaisons.

Traitement. — Lavements et lavages avec une décoction de 15 grammes de semen-contra par litre d'eau. Les lavements doivent être pris doucement et ne baigner que la partie inférieure du rectum. On a préconisé également les lavements à l'eau de savon, à la suie, aux infusions d'absinthe ou d'ail.

TÆNIAS OU VERS SOLITAIRES

Ce sont des vers plats rubannés, à tête armée de ventouses et de crochets, au corps aplati formé d'articles ou anneaux nombreux et sessiles.

Il en existe plusieurs espèces parasites de l'homme, entre autres le tœnia solium et le tœnia mediocanellata.

Ces êtres se produisent par des œufs contenus en grand nombre dans chacun de leurs anneaux, mais avant d'arriver à l'état de tœnia, ils doivent passer dans le corps d'un autre animal, par un état intermédiaire où ils ont un aspect très différent de leur aspect définitif;

ils prennent alors le nom de cysticerques. Ainsi tout tœnia solium avait précédemment vécu à l'état de cysticerque dans le corps d'un cochon, et tout tœnia médiocanellata dans le corps d'un bœuf. C'est donc en mangeant de la chair de porc ou de bœuf mal cuite et contenant des cysticerques, que l'homme est infesté de ce parasite.

La présence du tœnia dans l'intestin s'accompagne assez souvent des phénomènes suivants : démangeaisons au nez et à l'anus, coliques, gêne dans le ventre, étourdissements, troubles de la vue et des fonctions digestives, nausées, troubles nerveux, amaigrissement, appétit insatiable. Cependant le seul signe vraiment certain de son existence est la constatation de ses anneaux dans les selles.

Ces anneaux se détachent d'eux-mêmes dès qu'ils ont atteint un certain développement ; ils sont remplacés par des nouveaux qui s'élaborent du côté de la tête.

Le tœnia peut perdre ainsi la plus grande partie de ses anneaux sans cesser de vivre, pourvu qu'il reste accroché aux intestins par les ventouses et les crochets dont sa tête est armée. C'est ainsi que beaucoup de malades croient être débarrassés de cet hôte ennuyeux pour en avoir rendu plusieurs mètres sous l'effet d'un tœnifuge, qui sont forcés de recommencer le traitement quelque temps après.

Traitement. — Se nourrir de potages clairs, de bouillon gras sans pain, pendant deux jours. Le soir du deuxième jour, en se couchant, prendre 4 à 5 capsules à l'huile éthérée de fougère mâle et au calomel. Le lendemain au réveil, prendre également 4 à 5 des mêmes capsules et, deux heures après, 50 grammes d'huile de ricin.

Les selles doivent avoir lieu sur un vase rempli d'eau pour pouvoir observer les débris du tœnia. Le succès n'est obtenu que si la tête du ver est évacuée.

Ce traitement, très efficace contre le tœnia inermis, aux anneaux larges et courts, reste quelquefois sans résultats contre le tœnia armé; on lui substitue alors avec avantage le traitement suivant :

Après s'être mis à la diète pendant un jour, on absorbe le lendemain matin à jeun, à l'aide d'un peu de bouillon à l'oseille bien beurré, une dose de *saccharure de Cousso*.

Au bout de quelques selles, qui ont lieu sans coliques, le tœnia est expulsé.

GALE

Maladie parasitaire contagieuse, déterminée par un tout petit insecte, l'acare ou sarcopte de la gale. Cet insecte s'introduit sous la peau, y creuse des sillons et détermine la formation des petites vésicules caractéristiques de la gale. Cette affection est également caractérisée par une démangeaison constante et désagréable qui s'exaspère par la chaleur du lit. Les parties du corps où cet insecte se localise de préférence sont : les parties latérales des doigts et leurs commissures, le poignet, le bord de l'aisselle, le pli du coude, la ceinture, la pointe de la fesse, les dessous des seins chez la femme.

Cet insecte se multipliant avec une rapidité surprenante à la surface de la peau des galeux, se propage rapidement sur les personnes qui vivent journellement en contact avec eux.

Pour se débarrasser de ces hôtes gênants, il faut les détruire jusqu'au dernier ; mais vu leur grand nombre et leur exiguité, la chose n'est pas toujours facile. Avec cela, le traitement est par lui-même fort désagréable ; il faut s'appliquer à le faire avec soin pour ne pas avoir à le recommencer.

Traitement. — Prendre un bain suivi d'une bonne friction au savon noir pour enlever la crasse et briser les sillons dans lesquels les gales se sont introduites. Se faire deux frictions complètes sur toutes les parties du corps, sauf la tête, avec la pommade d'Helmerich. Prendre un deuxième bain pour enlever les traces de pommade, nettoyer à fond le linge de corps, la literie et la maison.

Maintenant, admettons les incommodités ordinaires de la campagne, l'absence de baignoire et de cabinet de toilette, l'obligation de se traiter dans la salle commune. Alors le traitement devra se faire autour du foyer, derrière des draps tendus sur des cordes, avant le lever ou après le coucher du personnel. Au lieu de prendre un bain, on se contentera de se bien savonner tout le corps avec du savon noir, en se plaçant devant un bon feu. Le lavage devra se faire le matin au lever. Le soir, avant de se coucher, on se frictionnera par tout le corps, sauf la tête, avec la pommade d'Helmerich ; le lendemain soir on recommencera la même opération et le surlendemain matin au lever on se nettoiera convenablement par un savonnage complet à l'eau tiède. On reprendra du linge blanc et des effets propres.

Les frictions ainsi faites doivent faire périr tous les

insectes qui se trouvent sur le corps, mais il reste encore ceux qui peuvent se trouver sur les vieux effets, sur les vieux draps, sur le parquet et sur tous les objets manipulés journellement par le malade.

On devra donc passer à la lessive bouillante le linge et tous les vêtements qui peuvent se laver. Les vêtements de drap seront passés dans un four aussi chaud que possible, sans cependant pouvoir les détériorer. Les meubles seront frottés, le parquet nettoyé et lavé.

Tous les malades devront se traiter en même temps.

Ce traitement étant trop irritant pour les enfants, on devra dédoubler la pommade d'Helmerich avec son poids de graisse douce avant de les en frotter.

Pour les tout jeunes enfants au-dessous de deux ans, on se contentera de leur faire prendre deux ou trois bains sulfureux après les avoir frictionnés au savon noir.

ÉPHÉLIDES, TACHES DE ROUSSEUR

Petites taches circonscrites fauves ou brunes, irrégulières, déterminées par un amas anormal des pigments colorants de la peau. Elles se montrent de préférence au visage et sur le dos des mains. Quelquefois on les rencontre aux bras, au cou et sur la poitrine.

Cette affection ne porte aucune atteinte à la santé, elle est seulement désobligeante pour les personnes qui en sont atteintes.

Traitement. — Lavages matin et soir pendant quinze jours avec la solution contre les éphélides de Hardy. Cesser quinze jours et recommencer.

GERÇURES ET CREVASSES DES MAINS

Cette affection douloureuse et malpropre ne résiste pas à l'emploi de la pommade suivante :

POMMADE CONTRE LES CREVASSES

Pommade camphrée...............	30 grammes.
Huile de cade....................	2 —
Goudron.........................	2 —
Cire blanche....................	2 —

ENTORSE

L'entorse est le résultat d'une distension violente des muscles qui entourent une articulation, à la suite d'efforts, de faux pas, de mouvements violents. Les os ne sont pas déplacés, mais les ligaments qui les entourent se trouvent distendus et partiellement déchirés.

L'entorse se distingue de la luxation en ce que cette dernière, changeant les os de place, déforme l'articulation et empêche tout mouvement de l'extrémité du membre. Dans l'entorse, les mouvements sont rendus difficiles, mais non impossibles.

Traitement. — Le massage produit de bons effets, mais seulement lorsqu'il est pratiqué immédiatement après l'accident par une personne compétente ; pour l'exécuter, on se graisse les mains, on en entoure la partie lésée et on les fait glisser alternativement de bas en haut en pressant très légèrement d'abord, vu la douleur intense que l'on fait subir au patient, puis en augmentant progressivement la pression ensuite. Au bout de quelques minutes, la douleur est devenue supportable. Ce massage doit être continué pendant une demi-heure au moins. On entoure ensuite le pied de bandelettes modérément serrées et le lendemain on recommence le massage.

On peut appliquer aussi sur l'articulation malade des compresses imbibées d'un mélange d'alcool camphré et d'eau blanche par parties égales.

Les irrigations d'eau froide ou les immersions immédiates dans l'eau courante pendant de longues heures donnent aussi de très bons résultats.

Cependant les premiers soins n'amènent pas toujours un mieux sensible; au contraire, la tuméfaction augmente de plus en plus, l'inflammation gagne les parties voisines et si le patient a un tempérament faible, débilité ou scrofuleux, il faut se hâter d'appeler un médecin.

BRULURES

Lorsque les brûlures sont profondes et étendues, elles mettent la vie du malade en danger et réclament les oins immédiats d'un médecin.

Lorsqu'elles sont légères, elles déterminent une rougeur simple, ou compliquée de vésication; on peut alors les traiter par des applications répétées du liniment suivant étendu sur une couche de ouate :

LINIMENT CONTRE LES BRULURES

Chaux vive récemment éteinte... 10 grammes,
Eau............................... 100 —
Huile d'olives ou huile de noix. 100 —

CALVITIE, ALOPÉCIE

La calvitie est constituée par la perte totale ou partielle des cheveux, sans autre cause appréciable que les effets de l'âge ou une tendance héréditaire. Elle est incurable.

L'alopécie consiste dans la chute des cheveux déterminée par une cause accidentelle et passagère, telle que la fièvre typhoïde, la scarlatine, l'érysipèle, les pellicules, etc.

On peut en arrêter le développement par un traitement approprié.

Traitement. — Nettoyer le cuir chevelu de temps en temps avec une eau de quinine astringente.

Faire des onctions le soir sur le cuir chevelu avec la pommade contre la calvitie de Dupuytren.

MAUX DE DENTS

Traitement des dents non cariées dans la périostite dentaire : extraction.

Traitement préventif des dents cariées. — Tous les jours, à la toilette du matin, pendant huit jours, nettoyer à l'aide d'un cure-dents et de lavages la cavité des dents creuses et y placer ensuite un petit tampon d'amadou imbibé de teinture de benjoin. Au bout de ce temps, la teinture de benjoin aura laissé déposer dans le fond des dents une petite couche protectrice de baume, suffisante pour empêcher le retour de ce vilain mal pendant de longs mois.

Traitement curatif. — Nettoyer les cavités des dents douloureuses et les remplir à plusieurs reprises avec des tampons d'amadou imbibés de la mixture suivante :

MIXTURE ODONTALGIQUE

Laudanum............................	5 grammes.
Chloroforme........................	5 —
Teinture de benjoin...............	10 —
Acide phénique.....................	XX gouttes.

En ajoutant 0.30 centigrammes de cocaïne, on a la mixture dentaire cocaïnée, beaucoup plus chère, mais d'une efficacité certaine.

DENTS (Hygiène des)

La conservation des dents a une influence considérable sur la santé. Toute personne dépourvue de dents ou en possédant de cariées et de décOuronnées en partie, souffre tôt ou tard de maux d'estomac, de digestions lentes et difficiles. La mastication des aliments étant incomplète, ces aliments une fois arrivés dans l'estomac, par le fait de leur imparfaite division, sont mal imprégnés du suc gastrique ; ils mettent un temps anormal à se dissoudre et occasionnent à la longue ces gastrites et dyspepsies chroniques si fatigantes avec leur cortège de crampes, nausées, migraines et autres malaises.

Les dents propres et blanches sont les premiers joyaux des femmes ; elles ne sauraient donc trop veiller à leur bonne tenue par des soins constants. Bien des hommes restent encore indifférents à la propreté de leurs dents, qui devraient y veiller mieux, sinon par coquetterie, du moins par hygiène.

Dès le bas âge donc, on doit s'habituer aux soins nécessaires à la bonne tenue et à la conservation des dents.

Ces soins comportent :

1° Le nettoyage journalier des dents à la toilette du matin, à l'aide d'une brosse douce et de poudres dentifrices, pour enlever la couche jaunâtre de tartre qui se dépose constamment sur l'émail dentaire ;

2° Le lavage de la bouche avec une eau dentifrice antiseptique destinée d'abord à enlever les résidus de substances alimentaires restés dans l'interstice des dents et à s'opposer ensuite à leur carie, qui n'est en somme qu'une affection parasitaire, le fait d'un organisme vivant aux dépens des matières dentaires et ne se développant pas dans les milieux antiseptiques ;

3° Le nettoyage de la bouche avec un peu d'eau fraîche tous les soirs avant de se coucher ;

4° L'extraction de toutes dents cariées, s'il est impossible de procéder immédiatement à leur plombage.

PRÉPARATIONS PHARMACEUTIQUES
A RECOMMANDER

GOUDRON PULVÉRULENT, SÉDATIF, EXPECTORANT, CALMANT

Goudron..........................⎫
Réglisse..........................⎪
Eucalyptus ....⎬ Quantité suffisante.
Aconit............................⎪
Sucre.............................⎭

Excellente préparation qui permet d'obtenir une très bonne tisane pectorale, en en faisant infuser une cuillerée à bouche dans un litre d'eau bouillante. Elle possède de grands avantages sur les liqueurs concentrées de goudron, qui toutes par leur alcalinité jouissent d'une propriété irritante plus ou moins prononcée, qui les fait rejeter par bon nombre de médecins.

POUDRE PHOSPHATÉE FERRUGINEUSE

Pyrophosphate de fer.......	2 grammes.	⎫
Phosphate neutre de chaux.	30 —	⎪ Mêlez s. a.
Carbonate de magnésie....	8 —	⎬
Sucre	50 —	⎭

Une cuillerée à café rasée matin et soir dans un peu de potage ou d'eau sucrée pour lutter contre le rachitisme de la deuxième enfance.

Préparation excellente, qui, associée à l'huile de foie de morue, constitue la meilleure médication des enfants rachitiques et scrofuleux.

POUDRE DE DENTITION

Phosphate neutre de chaux........	15 grammes.
Carbonate de magnésie...........	10 —
Valériane pulvérisée,.............	10 —
Saccharure d'anis,...............	15 —

Une cuillerée à café matin et soir aux tout jeunes enfants, pour favoriser la dentition, activer l'ossification et éviter les convulsions.

PILULES DE QUINQUINA FERRUGINEUSES

Tartrate ferrico-potassique,......	10 grammes.
Extrait de quinquina officinal....	10 —
Colombo pulvérisé................	Q. s.

Mélanger et diviser en 100 pilules.

A prendre 4 par jour. Excellente préparation, réunissant les propriétés toniques et réparatrices du fer et du quinquina. Très utile et très employée dans les cas d'anémie, chlorose, faiblesse, épuisement, convalescence.

PILULES DE RUFUS

Toniques, stomachiques, emménagogues, à la dose de une matin et soir avant les repas, pour les femmes qui approchent de l'âge critique ou qui éprouvent quelques irrégularités dans les règles.

Purgatives à la dose de 3 à 5.

ÉLIXIR ANTI-ASTHMATIQUE

Polygala.......................	6 grammes.
Lobélie........................	3 —

Réglisse,........................... 6 —
Iodure de potassium.............. 10 —
Eau-de-vie....................... 1/3 de verre.
Eau bouillante .... 1/3 de litre.
Sucre, q. s. p. .... 1/2 litre.

Jetez l'eau bouillante sur les quatre premières substances, laissez infuser, passez. Ajoutez l'eau-de-vie et
sucrez avec quantité suffisante de sucre pour obtenir un
demi-litre d'élixir.

Une cuillerée à bouche matin et soir contre l'asthme.

POTION CONTRE L'IVRESSE

Infusion de camomille.............. 150 grammes.
Sucre.......................... Q. s.
Ammoniaque...................... XII gouttes.

Faire prendre en deux fois à une demi-heure d'intervalle.

VALÉRIANATE D'AMMONIAQUE LIQUIDE
(Formule Pierlot.)

Acide valérianique.................. 2 grammes.
Carbonate d'ammoniaque............ Q. s. pour saturer.
Extrait alcoolique de valériane,. 2 grammes.
Eau distillée..................... 95 —
    M. S. A.

Ce médicament est un antispasmodique puissant, un
antinévralgique précieux, très utile contre la névralgie,
les crises nerveuses, les convulsions, certaines insomnies,
l'hystérie et l'épilepsie. On le prend à la dose de deux à
trois cuillerées à café pour les grandes personnes, une
demi à une cuillerée à café pour les enfants.

SEL LAXATIF

Sel de Glauber...................... 30 grammes.
Crème de tartre soluble............ 30 —
Saccharure de citron.............. Q. s.

Pour un litre d'eau. A prendre un verre le matin à jeun comme laxatif. Remplace avantageusement les eaux minérales purgatives.

ÉLIXIR DE SAFRAN

Safran............................. 2 grammes.
Eau-de-vie........................ 1 verre.
Eau sucrée........................ Q. s. pour 1/2 litre.

Divisez le safran à l'aide de ciseaux ; mélangez à un verre de bonne eau-de-vie et laissez macérer huit jours, filtrez et complétez le volume d'un 1/2 litre avec quantité suffisante d'eau sucrée.

Dose.— Un petit verre à liqueur matin et soir comme emménagogue dans la dysménorrhée et l'âge critique, pendant les deux ou trois jours qui précèdent la venue des règles.

Remède de famille peu préconisé par les médecins.

COLLUTOIRE SEC

Borate de soude.................... 4 grammes.
Chlorate de potasse............... 2 —
Tannin............................. 1 —

M. S. A.

Sert en poudre à insuffler à l'aide d'un tuyau de plum

sur les inflammations de l'arrière-gorge, dans les cas de maux de gorge, laryngite, amygdalite, angine.

Trituré avec un peu de miel, il est employé avec beaucoup de succès contre le muguet, les aphtes ou chancres, l'inflammation des amygdales.

Dissous dans une infusion de feuilles de ronces miellée, il constitue un excellent gargarisme qu'on peut employer contre toutes les inflammations de la bouche, de la gorge et de l'arrière-gorge.

COLLYRE SEC

Biborate de soude porphyrisé..... 2 grammes.
Acide borique porphyrisé........... 2   —
   M. S. A.

Contre toutes les inflammations des yeux et des paupières, soufflé dans l'œil à l'état de poudre impalpable, à l'aide d'un tuyau de plume, ou employé en lotions, en faisant dissoudre la poudre ci-dessus dans un verre d'eau fraîche.

GLYCÉROLÉ CONTRE LES GERÇURE DES SEINS

Glycérolé d'amidon................ 15 grammes.
Tannin.......................... 3   —
Borax........................... 1   —

En onctions répétées après chaque tétée. Cette mixture guérit rapidement les crevasses des seins et n'offre aucun danger pour la santé de l'enfant.

TOPIQUE CONTRE LES CORS AUX PIEDS

Acide salicylique................. 1 gramme.
Alcool à 90°..................... 1   —

Éther...................................... 2 gr. 50 centigr.
Collodion................................. 5 —
Extrait de cannabis indica.......... 0 — 50 —

POUDRE CONTRE LES ENGELURES

Amidon...................................... 30 grammes.
Camphre..................................... 5 —
Borate de soude.......................... 5 —

Se frictionner les mains avec cette poudre plusieurs fois par jour. En saupoudrer intérieurement des gants et les mettre la nuit.

TOPIQUE ANTINÉVRALGIQUE

Chloroforme............................... 10 grammes.
Huile de jusquiame...................... 10 —
Alcoolature d'aconit.................... 5 —

En frictions sur le trajet du nerf douloureux.

BAUME ANTIRHUMATISMAL

Pommade camphrée........................ 90 grammes.
Ammoniaque liquide....................... 10 —
Essence de térébenthine................ 5 —

Très efficace contre tous les rhumatismes, sciatiques, lombagos, torticolis et névralgies.

TABLE DES MATIÈRES

CHAPITRE PREMIER
Economie domestique rurale.

CHAPITRE II

Conserves alimentaires, confitures.

CHAPITRE III

Sirops, liqueurs, boissons économiques.

CHAPITRE IV

Charcuterie, pâtisserie, entremets, recettes de cuisine.

CHAPITRE V

Cosmétiques, parfums, préparations hygiéniques.

CHAPITRE VI

Médecine usuelle et hygiène vétérinaire.

CHAPITRE VII

Connaissances usuelles de médecine humaine à l'usage des familles.

Châteauroux. — Typ. et Stéréotyp. A. Majesté et L. Bouchardeau.

BON-PRIME

DONNANT DROIT AUX ACQUÉREURS DU LIVRE

LES

CONNAISSANCES UTILES POPULARISÉES

Pour une **PREMIÈRE AFFAIRE** à un **ESCOMPTE** de **20 0/0**

SUR LE PRIX DU TARIF DE LA

PHARMACIE SPÉCIALE DU CENTRE-OUEST

Nota. — *Les personnes qui joindront ce bon-prime à leur commande voudront bien diminuer le montant du mandat à nous envoyer de son cinquième, c'est-à-dire de l'escompte de 20 0/0 consenti sur ce bon de prime.*

AVANTAGES

OFFERTS AUX ACQUÉREURS DU LIVRE

LES

CONNAISSANCES UTILES POPULARISÉES

Comme nous offrons ce livre prêchant l'économie, aux petits ménages, c'est-à-dire aux bourses modestes, nous avons à cœur de ne pas être pour eux une cause de dépense exagérée. Nous ferons donc tous les sacrifices possibles pour dédommager de leurs frais d'acquisition ceux qui nous feront l'honneur de consulter notre modeste ouvrage, en leur offrant les avantages suivants :

Pharmacien retiré des affaires, nous utilisons le privilège que nous confère notre titre, en gérant une officine spécialement et exclusivement à la disposition de nos lecteurs. De là le titre de spéciale, très justifié par cela même, que nous avons donné à notre maison.

Nous fournirons à ceux qui voudront bien nous honorer de leur confiance, et à des PRIX FORT RÉDUITS, les *produits chimiques, préparations et médicaments* préconisés dans ce livre d'économie domestique.

En plus de la réduction extrême de nos prix, nous ferons pour une première affaire et à titre de **prime exceptionnelle**, un escompte de **20 0/0** à tous ceux qui joindront à leur commande le **BON DE PRIME** ci-contre.

Enfin, nous étant assuré le concours de plusieurs savants : chimistes, commerçants et agriculteurs, pour créer un service de renseignements, à la disposition de nos lecteurs, nous répondrons gratuitement à toute demande de renseignements scientifiques, commerciaux et agricoles de notre compétence ou pouvant être puisés dans les nombreux journaux spéciaux auxquels nous sommes abonnés, les Annuaires, le Bottin, etc.

Toute demande doit être affranchie et pourvue d'un timbre pour la réponse.

Consulter le Prix-Courant de la Pharmacie

EXTRAIT DE NOTRE PRIX COURANT

Garantie absolue de la pureté des matières et des soins apportés à leur préparation.

Le quinquina jaune calisaya cultivé, 1er choix, très actif, d'une amertume très franche. Le paquet, 0 fr. 60 au lieu de 1 fr.

Le sulfate de quinine, le roi des toniques, si utile pour restaurer l'économie des personnes fiévreuses à l'estomac délabré par la consomption et les suites d'influenza, le calmant par excellence de toutes les névralgies ; au lieu de 1 fr. 50 le gramme, 0 fr. 60 seulement divisé en paquets, cachets ou pilules, au gré du client.

L'antipyrine, si à la mode de nos jours. Le gramme, 0 fr. 25 et 0 fr. 30 au lieu de 0 fr. 40 et 0 fr. 50.

Le bromure de potassium, le grand calmant populaire des maladies nerveuses ; 0 fr. 75 les 30 grammes au lieu de 1 fr. 50.

La pommade contre les crevasses qu'on peut dire vraiment précieuse par la rapide guérison qu'elle détermine.

Le fer réduit, le ferrugineux par excellence des bourses modestes, 1 fr. les 30 grammes au lieu de 2 fr. 25.

Les sinapismes, indispensables dans tous les ménages, 1 fr. la boîte au lieu de 1 fr. 50.

Les pilules ferrugineuses ordinaires vendues 1 fr. 75 au lieu de 2 fr. 50 et 3 fr.

Consulter le prix courant de la Pharmacie

MÉDECINE RECONSTITUANTE
AUX PHOSPHATES ASSIMILABLES

RACHITISME, SCROFULES, MALADIES DES OS, ANÉMIE, CACHEXIE
GUÉRIS RAPIDEMENT PAR L'EMPLOI DE LA

Solution au Chlorhydro-phosphate de Chaux

Cette solution est le médicament par excellence de la première enfance, elle fortifie les os, développe la croissance, facilite la dentition, sauve de la mort une quantité d'enfants rachitiques.

Elle est un excellent reconstituant de l'économie pour les personnes affaiblies par la **scrofule, l'anémie,** les **pertes blanches, les bronchites chroniques,** etc.

Prix : le demi-litre, 2 francs.

Cette solution est vendue par la **Pharmacie spéciale du Centre-Ouest** TROIS FOIS MOINS CHER *que les produits similaires spécialisés.*

SOLUTION
AU
CHLORHYDRO-PHOSPHATE DE CHAUX
CRÉOSOTÉE

Cette solution est très employée, très efficace contre les **bronchites chroniques,** les **catarrhes** et la **phtisie.** Elle diminue l'expectoration, calme la toux, abat la fièvre et active la nutrition.

Elle répond à la formule suivante :

Chlorhydro-phosphate de chaux..........	15 grammes.
Créosote de hêtre pure.......	3 —
Glycérine pure.....	100 —
Rhum ananas extra....................	100 —
Eau distillée aromatisée................	300 —

Prise en même temps que le goudron pulvérulent cette solution constitue un excellent traitement de la bronchite chronique.

Prix : le demi-litre, 3 francs.

Cette solution est vendue par la **Pharmacie spéciale du Centre-Ouest** MOITIÉ MOINS CHER *que les produits similaires spécialisés.*

POUDRE AUX VERS

A BASE DE SANTONINE ET DE MOUSSE DE CORSE

Nous garantissons les bons effets de cette poudre, toujours active, agréable et facile à prendre.

Elle possède une supériorité incontestable sur les pastilles vermifuges, toujours mal dosées et souvent inactives.

Enfin nous l'offrons à un prix des plus réduits étant donné la très grande popularité de ces sortes de médicaments et leur emploi souvent répété.

Prix des 6 doses : 0 fr. 50

POUDRE PHOSPHATÉE FERRUGINEUSE

DE LA

PHARMACIE SPÉCIALE DU CENTRE OUEST

Médicament spécial à la deuxième enfance ; elle convient aux enfants chétifs, faibles et délicats ; elle développe leur croissance, fortifie leurs os et les sauve du rachitisme.

Elle contient 0 gr. 05 centigrammes de phosphate de fer et 0 gr. 50 de phosphate de chaux assimilable par cuillerée à café.

Prix de la boîte : 1 fr. 50.

ONGUENT RÉVULSIF STIBIÉ

C'est le topique révulsif le plus efficace contre les **maladies inflammatoires internes du porc**, contre la **fluxion de poitrine**, la **bronchite**, la **pleurésie**, le **mal de gorge**.

On l'emploie en frictions pénétrantes sous la gorge, sur la poit'ine et sur les côtes.

Prix du pot : 0.60 cent.

En vente : PHARMACIE SPÉCIALE DU CENTRE-OUEST

ONGUENT CONTRE LE PIÉTIN

DE LA

PHARMACIE SPÉCIALE

Ce topique guérit rapidement le **piétin** ; son emploi est facile, son prix très modéré.

Chaque flacon est entouré d'une instruction et du mode d'emploi.

Le flacon : 1 franc.

En vente : PHARMACIE SPÉCIALE DU CENTRE-OUEST

HYGIÈNE, TOILETTE

POUDRE HYGIENIQUE DE SAVON

ANTISEPTIQUE BORIQUÉE

POUR L'USAGE DE LA BARBE

Il arrive très souvent que des personnes habituées à se faire la barbe avec des savons plus ou moins purs se voient atteintes d'une poussée désagréable de petits boutons à la figure ; chez quelques-unes même, cette poussée est le point de départ d'eczémas longs et difficiles à guérir.

On s'éviterait ce désagrément en se servant d'une poudre antiseptique, adoucissante, commode dans son emploi et bon marché comme celle ci-dessus.

La boîte : 0 fr. 60.

ÉCONOMIE DOMESTIQUE

SAVON A LUSTRER

Indispensable à toutes les ménagères et lingères pour donner à leur linge, devants de chemises, cols, poignets, etc., le poli, le brillant du linge neuf.

FACILE A EMPLOYER

ET D'UN

BON MARCHÉ EXTRAORDINAIRE

La boîte : 0 fr. 60.